FERNANDO AGUIAR

São Paulo, 2013

Copyright do texto e das imagens © 2013 Fernando Aguiar
Copyright da edição © 2013 Escrituras Editora

Todos os direitos desta edição cedidos à
**Escrituras Editora e Distribuidora de Livros Ltda.**
Rua Maestro Callia, 123 – Vila Mariana – São Paulo, SP – 04012-100
Tel.: (11) 5904-4499 / Fax: (11) 5904-4495
escrituras@escrituras.com.br
www.escrituras.com.br

**Criadores da Coleção Ponte Velha**
António Osório (Portugal) e Carlos Nejar (Brasil)

**Diretor editorial:** Raimundo Gadelha
**Coordenação editorial:** Mariana Cardoso
**Assistente editorial:** Bélgica Medeiros
**Capa e projeto gráfico:** Felipe Bernardo
**Diagramação:** Bárbara de Souza
**Imagens de capa e miolo:** Fernando Aguiar
**Revisão:** Jonas Pinheiro
**Impressão:** Graphium

Dados Internacionais de Catalogação na Publicação (CIP)
(Câmara Brasileira do Livro, SP, Brasil)

---

Aguiar, Fernando
Um beijo de mão beijada/Fernando Aguiar
São Paulo: Escrituras Editora, 2013. –
(Coleção Ponte Velha)

ISBN 978-85-7531-487-6

1. Poesia portuguesa I. Título. II. Série.

13-10364                                                          CDD-869.1

Índices para catálogo sistemático:
1. Poesia: Literatura portuguesa 869.1

Edição apoiada pela Direção-Geral do Livro, dos Arquivos e das Bibliotecas/ Portugal

Impresso no Brasil
*Printed in Brazil*

# SUMÁRIO

A ARTE DA OBSESSÃO ........................................5

    O CARA-METADE...............................................7
    A ARTE DA OBSESSÃO NA OBSESSÃO
    PELA ARTE......................................................9
    OUTRO OLHAR............................................. 15
    O SEGREDO DAS ROCHAS...........................19
    A COVA..........................................................23
    BANHO DE MAR.............................................27
    A QUEDA.......................................................31
    NUMA TARDE DE SOL ...................................35
    A FORÇA DO PENSAMENTO .........................37
    A PONTE ......................................................41
    FINS-DE-TARDE...........................................49
    PÁSSAROS DO FOGO...................................51
    É SEMPRE TARDE DEMAIS...........................53

O OUTRO EU.....................................................59

    O CÉU DE MÃO BEIJADA...............................61
    PEQUENOS VÍCIOS.......................................67
    MORTE CANINA............................................69
    DOMINGO DE OUTONO..................................73
    A CONSCIÊNCIA DO PROVÉRBIO...................77
    PATA DE INDECISÃO.....................................79
    PORCA DE VIDA! .........................................81
    RADICAIS DESPORTIVOS...............................83
    QUESTÕES EXISTENCIAIS............................87
    O FRIO E O FORNO.......................................89
    O OUTRO EU................................................95

O ANJO DA GRAÇA ...........................................97

    O (EN)CANTO DA CATATUA..........................99
    O PERNILONGO E O BEIJA-FLOR.................103
    OS PAPAS.....................................................107
    MERA VAIDADE DE MERO............................111
    O ANJO DA GARÇA......................................115
    O TUCANO TOCADOR DE CLARIM...............119
    JOGOS DE CABRA........................................123
    A LUA DE MEL DO LOUVA-A-DEUS...........127
    MÁ SORTE TER SIDO POETISA....................131

COMPLEXO DE OVELHA RANHOSA.............135
A DOM(IN)ADORA............................137
O BICHO PEGADIÇO.....................141
(IN)DISPOSIÇÃO...........................143

## HISTÓRIAS DUM RAIO! ....................145

UM RUGIDO RAIADO DE RAIVA..............147
RAIO DE COISAS............................149
VISÕES DUM RAIO..........................151
AÇÃO & FULMINANTES....................153
TRAÇOS DE LUZ...........................155
CÉU RAIADO.................................157

## DESÍGNIOS DO DESTINO ....................159

SONHO DE UMA NOITE QUE VERÃO........161
SABERES DE SÁBIO........................163
O PEDESTAL...............................169
SER OU NÃO SER..........................173
O PENSAMENTO DAS PALAVRAS.............175
UM AZAR NUNCA VEM SÓ...................179
O DIZER DAS CONSOANTES.................183
OUTONO BIZARRO.........................187
O DESTINO E OS DESÍGNIOS...............191
A VINGANÇA SERVE-SE FRIA................193
PONTO(S) DE VISTA.......................195

## ALTOS VOOS....................................197

O NASCER DO DIA.........................199
PREGAR AOS PEIXES.......................201
EXPRESSÕES & LIBERDADES.................205
ALTOS VOOS...............................207
A MINHOCA DA AVÓ.......................211
O RITMO DE GUARAQUEÇABA................217
O KANT(O) DE POUND......................219
ODORES PRIMAVERIS.......................221
XIQUÉRRIMAS..............................225
OLHOS NOS OLHOS........................229

## FERNANDO AGUIAR – BIOGRAFIA .................233

## OUTRAS OBRAS DO AUTOR ..........................237

## O CARA-METADE

O homem que só tinha uma perna e um pé, tinha apenas um braço com uma mão. Mas com todos os dedos dessa mão. E nesse pé.

Nádegas, conservava uma. E ombro, o da esquerda.

Mantinha meio corpo. Felizmente era a metade que continha o coração. Isto é, parte deste.

A metade da cara que trazia sobre o meio pescoço chegava-lhe perfeitamente para as suas meias necessidades.

Comia com meia boca, via com um único olho, cheirava apenas com uma narina e ouvia com a orelha que possuía.

Vivia feliz, porque não pensava muito nisso. Afinal, também só tinha metade do cérebro...

# fERNanDO AgUIAr

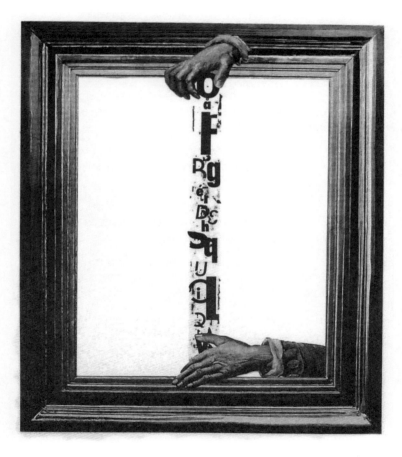

"*Ensaio a Duas Mãos (Para o Alberto Pimenta)*"

## A ARTE DA OBSESSÃO
## NA OBSESSÃO PELA ARTE

Sabia que só havia uma forma de se enfrentar com a arte: era ser obsessivo. E ele era muito mais do que isso!

Deitava-se tarde e sonhava, nas poucas horas que dormia, com a obra-prima que iria realizar no dia seguinte. Revirava-se com força na cama, enrolando os lençóis e os cobertores até ficarem num monte de trapos disformes.

Quando acordava estava mentalmente exausto, mas com uma força física e uma vontade de demolir.

Antes de comer o que quer que fosse deitava mãos à obra, que em breve poderia ser prima.

Pegava nas tintas e nos pincéis e atirava-se à tela, com toda a raiva contida nos seus sonhos. Pincelava selvaticamente com os amarelos, os roxos, os vermelhos, os castanhos e os negros. Era um homem de cores quentes.

Com os verdes e os azuis era um pouco mais comedido. Rosas e brancos pouco usava, e quando o fazia era sempre à defesa, como se receasse alguma reação, alguma força contrária que se sobrepusesse à sua vontade criativa.

Mas o que ele gostava mesmo, onde se sentia claramente à vontade, era com os amarelos (muitas vezes também os laranjas), os roxos, os vermelhos, os castanhos e os negros.

Debatia-se incansavelmente com as tintas e alguns pincéis. Preferia quase sempre os mesmos poucos e velhos pincéis, misturando as cores com o que nesse momento tivesse nas mãos. Chegava a fazer um quadro apenas com um pincel e sem nunca o lavar. As cores assim misturadas enriqueciam-se de tonalidades, e essa era uma das características da sua pintura.

A aguarrás aparecia só no fim. Apenas para retirar dos pincéis os óleos agarrados aos pelos e as cores a entrarem pelos veios dos cabos de madeira.

Usava muito as mãos, que ficavam irremediavelmente sujas com as tintas gordurosas, com os tons mais escuros entranhados na pele ressequida e nos cantos das unhas. Mas não se importava. Exibia-as como uma marca.

Era tão agressivo e gestualista na sua pintura que acabava por sujar tudo o que estava à sua volta, numa atitude de abstrata obsessão.

Para aproveitar melhor a luz do dia mudava várias vezes a posição do cavalete, pelo que na fúria de pintar, acabou em pouco tempo por salpicar de tinta as latas onde lavava os pincéis (quando os lavava), o banco de madeira onde raramente se sentava, a mesa onde amontoava os materiais, a paleta e as espátulas com que esmagava os óleos, um bengaleiro que tinha a um canto, e as paredes, claro. Já para não falar do chão.

Tornou-se num pintor com um relativo sucesso comercial, embora os seus quadros nunca resultassem em obras-primas. E por isso não tão valiosas quanto gostaria.

## um Beijo de Mão Beijada

Como que a incentivar aquela violência criativa, a galeria que o representava vendia-lhe rapidamente as pinturas que pintava. Por mais que pintasse, e ele trabalhava todo o dia e parte da noite, nunca tinha telas disponíveis para outras exposições.

Uma vez, cansado, deitou-se e preparou-se para sonhar com a obra (se possível a prima) que iria realizar no dia seguinte. Para desespero, apenas teve sonhos cor-de-rosa, com algumas brancas à mistura.

Acordou agoniado, enjoado com um sonho tão insípido e lamechas. Logo ele, que precisava de sonhos agressivos para pintar quadros violentos!

Ficou a olhar para a tela em branco, sem saber o que fazer. Nem por onde começar.

Ainda tentou misturar algumas das suas cores preferidas com o mesmo pincel, mas as tonalidades obtidas não lhe agradaram. Ficavam demasiado cinzentas.

Reparou então que os objetos que estavam ao pé de si eram muito mais interessantes e inspiradores do que aquela tela que não conseguia pintar. Aliás, já estavam pintados com os salpicos de tinta de meses de trabalho!

Pegou num pincel fino e desatou a assinar as latas onde, por vezes, lavava os pincéis, o banco onde quase nunca se sentava, a mesa que continha os materiais espalhados, a paleta esborratada e as espátulas com que modelava os óleos, o velho bengaleiro encostado a um canto, e as paredes, claro. Só não assinou o chão. Nem pensou porquê.

O galerista ficou encantado com tanta criatividade, isto é, com aquela capacidade de produzir tão rapidamente obras de arte que de outro modo seriam apenas velhos objetos, lixo para deitar fora.

A bem da cultura vendeu em poucos dias todos os novos objetos artísticos. Todos, exceto as paredes que o marchand guardou para si próprio, destinado à nova casa que estava a construir.

Apesar do sucesso em termos de vendas, o drama do artista avolumava-se. Deitava-se aterrado, a pensar que nunca conseguiria sonhar com a sua obra-prima e, portanto, materializá-la.

E era verdade. O único sonho que durante os últimos tempos teve relacionado com arte, foi aquele em que estava a ser selvaticamente mordido por tubos de tinta de óleo, sem tampa, enquanto era chicoteado pelos mesmos poucos pincéis e algumas trinchas que vieram ajudar, com as espátulas a desferirem golpes profundos por todo o seu corpo.

Este sonho deixou-o apaticamente abalado e sem vontade de fazer o que quer que fosse.

Depois de várias semanas sem conseguir criar qualquer pintura, com a cabeça preenchida pelo stress e pela angústia, resolveu agir, criando a sua última e definitiva obra.

Compenetrado, usando apenas um pincel médio, utilizou de uma forma lenta e ritual todas as cores quentes de que tanto gostava, incluindo um pouco de verde e uma pitada de azul.

# um Beijo de Mão Beijada

Começou pela ponta das unhas, depois pelos dedos e pela palma da mão esquerda. De seguida fez o mesmo com a direita e acabou por pintar o resto das duas mãos, até aos pulsos.

Local preciso por onde as cortou.

Com a ajuda do assistente do marchand aplicou as próprias mãos numa tela negra, devidamente tratadas, e apresentou apenas este quadro naquela que seria a sua última exposição.

Foi um sucesso!

A crítica elogiou-lhe o arrojo e a criatividade. O crítico evidenciou a coragem e a genialidade daquela obra definitivamente prima. Pelo menos definitiva. O dar tudo por tudo num quadro que ficaria para a posteridade como a arte elevada ao seu extremo. O representar-se com a sua própria obsessão num ato decisivo e irreversível!

Todas as tardes, com os braços nos bolsos, visitava o Museu que adquiriu a sua derradeira pintura, e ficava maravilhado a observá-la. Encantava-o os tons escuros entranhados nas unhas, e os pedaços de pele ressequida untados de tintas gordurosas, decisivamente a sua imagem de marca.

fERNaNDO AgUIAr

"Liberdade Poética"

## OUTRO OLHAR

Trocava os olhos sempre que olhava, pelo que nunca se sabia para onde é que estava a olhar. Se para um lado, se para o outro. Ou para os dois ao mesmo tempo.

Enquanto que o olho direito olhava para o lado esquerdo, o olho da esquerda olhava apenas para o lado direito. Em simultâneo.

Esse olhar em permanente oposição é que confundia as pessoas.

E era difícil lidar com essa maneira de ver as coisas.

Farta de contínuos reparos, chegou à seguinte conclusão: se o olho direito só olha para a esquerda e o olho esquerdo só tem olhos para a direita, se os trocar, cada olho ficará a olhar para o lado certo. O olho direito olhará para o lado direito, ao passo que o olho esquerdo verá apenas o que se passa no lado esquerdo.

Com um pouco de sorte poderia até dar a sensação de cada olho estar a olhar em frente. Ainda que soubesse que nunca poderia ser assim.

Não hesitou. Arrancou os olhos, trocou-os de posição e voltou a colocá-los.

Só que, por pressa ou engenho, colocou-os nas cavidades oculares ao contrário. Isto é, voltados para dentro.

A partir desse dia ficou a ter uma visão muito diferente de si própria. Viu-se por um ângulo pelo qual jamais se tinha observado.

Nunca tinha visto o seu próprio íntimo com tanta lucidez e objetividade.

Os que olhavam para ela e a viam assim tão compenetrada, achavam que era um processo admirável de autoconhecimento, e uma outra maneira de ver o mundo: entender o que nos rodeia a partir da percepção de nós próprios.

Outro modo de conceber a realidade através de um novo olhar sobre o interior de si mesmo.

É certo que era um mundo mais restrito, mas também com uma maior possibilidade de se chegar a uma verdadeira compreensão desse mesmo mundo.

# um Beijo dE Mão BEIjadA

*"Paixão Poética"*

# O SEGREDO DAS ROCHAS

Quando descobriram aquelas rochas nas margens do rio, cheias de inscrições, acharam, por instinto, que as deviam preservar. Mesmo não entendendo aqueles signos, nem o significado dos arabescos que deveriam querer transmitir alguma coisa.

Sábios, à sua maneira, consideraram que as rochas representavam a reminiscência dos seus antepassados e, consequentemente, a sua própria memória. Apesar de já não se lembrarem. Nem de terem a certeza.

Traços, quase desenhos. Signos indecifráveis, praticamente ilegíveis. Tão reveladores uns como outros, mas cujo valor histórico e patrimonial deveria ser imenso. Pelo que resolveram preservá-las.

A maneira mais eficaz que encontraram para defender aquelas rochas perdidas à beira-rio foi a de organizarem um estruturado esquema de segurança de modo a impedir o acesso às margens. A outra seria saírem dali para não chamarem a atenção, e deixarem as rochas esquecidas, como sempre estiveram. Mas não foi essa a solução porque optaram.

Embora não entendessem o significado dos caracteres inscritos, crentes, decidiram defendê-los de qualquer agressão de que pudessem ser vítimas.

Por medo ou respeito, por uma atitude mais ou menos mística, nunca ninguém se atreveu a aproximar-se das rochas.

Um jovem, mais curioso e interessado naqueles conteúdos pictográficos foi, aos poucos, decifrando o enigma que as rochas encerravam. Apesar de pouco explícitas, foram revelando alguns segredos ancestrais.

Apocalípticos uns, mais terríficos outros. Mas todos reveladores da verdadeira natureza daqueles que eram os seus antepassados.

Escandalizados por descobrirem algumas das atrocidades dos que em tempos lhes deram vida, e considerando que as revelações agora decifradas poderiam pôr a descoberto a sua real natureza, que afinal não era assim tão pacífica nem tão tolerante como gostavam de transparecer, foram, em bando, até à beira do rio e destruíram, conforme puderam, todas as milenares inscrições.

Para que ninguém julgasse, ao descobrir o segredo das rochas, que eles eram violentos, agressivos, ignorantes ou simplesmente selvagens como os seus ascendentes.

# um Beijo dE Mão BEIjadA

"Apoteose do Alfabeto"

# A COVA

Três homens fechavam um enorme buraco aberto no chão. Estava calor. Muito calor. O ambiente era abafado e as pás, ao atirarem a terra para dentro de cova, levantavam uma poeira insuportável.

Um pouco afastado, outro homem observava o trabalho dos restantes. Olhava fixamente aquilo que eles estavam a fazer. E refletia, pensa-se.

Os três indivíduos continuavam a encher a cavidade de terra com gestos cadenciados. Absortos. Suados.

O homem levantou-se lentamente e avançou resoluto na sua direção.

Os que tapavam a fossa não lhe prestaram qualquer atenção. Não gostavam especialmente de curiosos, mas a curiosidade alheia também não os incomodava por aí além.

O homem deteve-se ao pé do alvéolo. Espreitou, e sem que nada o fizesse prever, por entre as pazadas cheias de terra e calor, deixou-se cair para dentro da abertura.

Cá fora os outros continuavam mecanicamente a encher o orifício de terra, envoltos numa densa nuvem de pó, sem ligarem ao fato do homem estar caído lá dentro. Se é que repararam nesse pormenor.

Dentro, o homem não se mexia. Era difícil descrever a posição em que ficou mas, apesar de não estar completamente imóvel também não dizia nada. Nem sequer gemia.

As pazadas de terra eram mais enérgicas, agora que estavam a chegar ao fim. Sem fazerem qualquer comentário, os três sujeitos acabaram de tapar a cova. Calcaram bem, limparam o suor da testa com as costas das mãos, colocaram as ferramentas enferrujadas no carrinho e foram-se embora. Ao som da roda que rangia.

# um Beijo dE Mão BEIjadA

"O Massacre"

## BANHO DE MAR

Finalmente a praia! O sol estava abrasador e faltava o vento para amenizar. O mar mantinha-se calmo e as ondas convidavam. Os cheiros a maresia transportavam-na e imaginava-se noutras paragens, noutros mundos, noutras praias paradisíacas.

Deitada na areia, ganhava coragem. Ou desafiava a preguiça, o que para o caso é quase a mesma coisa.

Tinha vestido o seu biquíni preferido. A dieta dos meses anteriores resultara (queria acreditar que sim) e as axilas estavam devidamente depiladas. Tudo perfeito para o início de umas férias de Verão.

Balanceou os pés para ver os grãos de areia deslizarem por entre os dedos, e chamou-lhe a atenção algo desusado. As unhas dos pés estavam anormalmente grandes. Cortara-as poucos dias antes e não se justificava terem crescido daquela maneira.

Ficou a olhar, pensativa, para os dedos dos pés, e teve a sensação de ver as unhas a crescer. Não podia ser!

Enterrou os pés na areia quente para pensar melhor no que estava a acontecer. Instantes depois voltou a tirá-los da areia, e não havia dúvidas: as unhas dos pés estavam visivelmente maiores.

Ficou preocupada. Como é que iria caminhar pela areia, uma coisa que tanto gostava, e tomar banho, com umas unhas que já mediam cerca de 4 centímetros? Que vergonha!

E como é que iria para casa? Com unhas daquele tamanho, os pés não lhe cabiam nos ténis. Se ao menos tivesse trazido sandálias...

Evidentemente, não trouxera tesoura nem corta-unhas. Nem havia sítio para os comprar. Estava a ficar desesperada.

Ao fim da tarde as unhas já haviam crescido cerca de vinte centímetros, e estavam a ficar retorcidas.

Com a vergonha de tirar os pés da areia estivera toda a tarde debaixo de um sol abrasador. Não comeu nem bebeu nada. Logo nestas alturas é que não aparece ninguém a vender gelados, bolos ou batatas fritas!

Urinou ali mesmo. Mas com o calor, os calções secaram rapidamente.

A noite aproximava-se e as unhas continuavam a crescer. Não tinha coragem para pedir ajuda a ninguém. Além disso, que ajuda poderiam dar? Não era fácil cortar dez enormes unhas sem um instrumento apropriado!

Andar, só descalça. E se as unhas continuassem a crescer mais umas horas, nem isso poderia fazer.

Vestiu a única peça de roupa que tinha levado, para além da saia: uma blusa bastante fina. Ao vesti-la reparou que estava com a pele completamente vermelha. Não o bonito bronzeado que tanto desejava, mas umas queimaduras que lhe iriam dar problemas. Com a pele tão vermelha, iriam crescer-lhe pelo menos bolhas de água, a pele cairia e, quem sabe, se mais tarde não iria ter outros problemas...

Entretanto a noite caiu. Na praia já não restava ninguém. O calor do dia foi substituído pelo frio das noites à beira-mar. Mesmo assim, naquele momento, o pior

# um Beijo de Mão Beijada

eram as unhas dos pés, que continuavam a crescer. Nem queria acreditar, mas tinham pelo menos trinta centímetros. E estavam a ficar desfiguradamente retorcidas.

Passava da meia-noite, e ela não se decidia a sair dali. Aquela hora também já não havia transporte que a levasse. Esfomeada, cheia de frio e com as unhas a crescer, sentiu-se desesperadamente só e desatou a chorar.

Depois lembrou-se que se podia levantar. Não estava ali ninguém para a ver, e sempre mudava de posição. Desenterrou os pés da areia, e teve alguma dificuldade em pôr-se de pé. Estava com os músculos presos. Foi também com dificuldade – devido ao escuro e à enormidade das unhas – que vestiu a saia. Sentiu-se mais protegida.

Sem saber bem o que fazer, caminhou entorpecida na direção do mar, dando passos longos e lentos, porque as unhas, já com cerca de 40 centímetros não lhe permitiam andar normalmente. Entrou na água gelada.

O corpo salpicado pelo frio da água, atirada pelas crianças que brincavam barulhentas ali ao pé, pareceram-lhe espinhos que se cravavam nos braços e nas costas.

Estava um sol abrasador e apetecia-lhe realmente um banho. Colocou as próteses em ambas as pernas, pegou nas canadianas, e com a dificuldade de quem anda de muletas na areia avançou para o mar, para um desejado e refrescante banho.

# fERNaNDO AGuIAR

"Madre Mia ! II"

# A QUEDA

O sonho era invariavelmente o mesmo. Repetia-se constantemente e acordava alagado em suor.

Sem saber porquê, caía de uma altura altíssima e, por largos momentos, agitava-se, esbracejava e gritava no ar. Apesar de não se ouvir um único som.

Por muito comprida que fosse a queda, o estranho é que nunca tinha chegado ao chão, ou ao fundo do que quer que fosse que estivesse por baixo daquele voo aterrador.

Acordava sempre antes de atingir o final da queda, antes de chegar ao que seria uma espécie de clímax. Transpirado. Com o coração a bater forte e a respiração ofegante.

A curiosidade sobre o local onde cairia era crescente. Onde o levariam aquelas quedas que se repetiam noite após noite. Ou o parariam, melhor dizendo.

Tomou um comprimido para dormir. Dois, era mais seguro. Para que não acordasse tão cedo. Para que a queda chegasse finalmente ao fim e acabasse com o pesadelo que o perseguia.

Já nem era uma perseguição, mas uma dúvida enorme que o atormentava. Que persistia. Em contínuo. O fim da abrupta queda nunca o viu. Ou sentiu, melhor dizendo.

Com os comprimidos conseguiu apenas com que o pesadelo não persistisse nem o perseguisse. O fundo do que quer que fosse continuou infindo, imperscrutável.

Exatamente como os outros fundos inter-
mináveis, infinitos, que vivera ao longo da
sua vida.

um Beijo dE Mão BEIjadA

*"Nos Braços da Poesia"*

## NUMA TARDE DE SOL

Não era conhecida a razão pela qual dois homens se agrediam selvaticamente com os cintos. Terá começado por ofensas verbais, e daí passaram para os atos.

É provável que tenham começado a questão ao murro e ao pontapé, e que tenham passado depois a uma solução mais sofisticada, como o chicotear o outro com o cinto que cada um trazia nas calças.

As agressões demoraram algum tempo. Decerto dois ou três minutos que pareceram uma eternidade aos agredidos que eram, simultaneamente, os agressores.

A cena estava um pouco estranha porque se passava num pacato jardim, sobre a relva, com flores que circundavam árvores de copas largas, à volta das quais pássaros chilreavam sobrevoando o calor emanado pelo sol.

Um dos homens olhou fixamente para o outro e parou de o agredir. O outro, na expectativa, parou também, baixando o cinto. O primeiro homem enfiou o cinto nas presilhas das calças, olhando o adversário nos olhos. O outro fez o mesmo.

Não se chegaram a cumprimentar. Entraram nos respetivos automóveis e cada um foi à sua vida. Embalados pelo dia soalheiro e pelos olhares atónitos das pessoas que, entretanto, pararam para os ver.

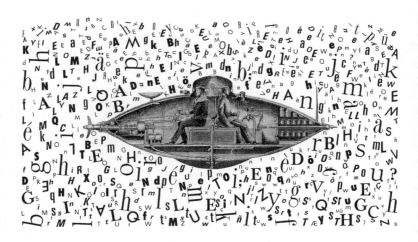

"A Poética Dentro da Poesia no Interior do Poema"

# A FORÇA DO PENSAMENTO

O sangue que lento, escorria, deslizava sobre as pálpebras. As grossas veias da testa irrompiam quando estava demasiado tempo a pensar. Sobretudo a esforçar-se por pensar, porque nem sempre as ideias surgem céleres. E a força do pensamento é tão brutal que nem mesmo as veias mais grossas resistem à passagem impetuosa das ideias.

Quando se concentrava, nem se apercebia que o sangue escorria até à ponta do nariz, depois de lhe passar pelos olhos, e que ficava a pingar para o chão ou para as calças, se estivesse sentado.

Na verdade nem se incomodava muito. Achava que eram os ossos do ofício, ou a seiva da criatividade. No caso, uma prova evidente de esforço. Que expressava o seu melhor. O máximo, mesmo.

Com o empenho e com o tempo começou a ficar pálido e muito fraco, até que ficou anêmico. Resolveu não pensar mais no assunto até recuperar, o que consistia em não refletir, em não pôr o cérebro a funcionar. Mas o fato de não pensar, não lhe restituía os glóbulos vermelhos.

Quando concluiu que essa não era a solução para o seu caso, recomeçou a refletir para ver como poderia resolver a reposição de sangue ou reparar as veias da testa para que estas não rebentassem de um modo tão espontâneo.

Com esses pensamentos gastou o sangue que lhe restava. Que não aguentou tamanho esforço e começou a sair por outros pontos das veias.

Agora parecia uma velha árvore seca, derramada pelos anos, com um ar pensativo como só as velhas árvores sabem ter.

um Beijo dE Mão BEIjadA

"Reminiscências"

# A PONTE

Para quem a via de longe era uma ponte como outra qualquer. Muito antiga, de pedra escura, com vários pilares a sustentá-la, ar sombrio como quase todas as antigas pontes de pedra, comprida até se perder de vista.

Raramente se vislumbrava a outra margem por estar sempre nevoeiro. Ele nunca a tinha visto. Nem conhecia ninguém que a conhecesse, agora que pensava nisso.

Como ponte, era pouco utilizada. Pelo menos para lhe passarem por cima. Por baixo já seria mais frequente, o circular de pequenas embarcações que subiam ou desciam o rio.

Eram poucas as pessoas que atravessavam esse rio. Deviam ser. Porque ninguém se lembrava de alguma vez a ponte ter sido atravessada nos dois sentidos pela mesma pessoa. Nem num, sequer. Não havia memória de alguém que fosse e de alguma vez ter voltado. Assim como de quem viesse.

Admirado com o enigma resolveu atravessar a ponte. Com algum receio ao princípio. Depois pensou melhor, e ter medo de quê? Afinal era apenas uma ponte de pedra, uma antiga ponte de pedra, como centenas de outras velhas e sombrias pontes de pedra por essa Europa fora.

O dia estava nubloso, como era hábito, e a ponte parecia mais comprida do que ao princípio imaginava. Após caminhar umas centenas de metros ainda não se via a outra margem.

Ao final da tarde continuava ainda a andar. Tinha perdido a noção da distância, mas deveria ter palmilhado alguns quilômetros. É incrível como podia haver uma ponte tão comprida e um rio tão longo que necessitasse de uma ponte com aquele comprimento para o atravessar.

A ponte mantinha-se visivelmente inalterada ao longo do percurso. O chão de pedra escura e úmida, com pequenos montes de musgo aqui e ali, um muro de blocos de pedra com a altura de um pouco mais do que a cintura e, de tempos a tempos, com um pequeno corrimão de ferro, grosso, bastante enferrujado.

Por alturas do corrimão, espreitava para baixo mas não conseguia ver o rio, apesar do som da água a correr ser ininterrupto.

A noite entretanto caíra e a outra margem não chegava. Às escuras e cheio de frio, começou a duvidar que a ponte tivesse fim. O que era um absurdo. Era óbvio que a ponte tinha um fim. Todas as pontes têm um fim. É por isso que são pontes. Para ligarem duas margens. Só que estas eram bastante distantes uma da outra. Mais do que o habitual. Muito mais.

Achou ridículo o próprio pensamento. Será que tinham começado uma ponte que não tinha fim? Estariam ainda a construí-la? Claro que não podia ser. Não era racional.

Com o avançar da noite e o desenrolar dos passos nem a outra margem se via,

# um BeIjo dE Mão BEIjadA

nem a ponte chegava ao fim. Nem havia, como era evidente, trabalhadores a completá-la. Antes houvesse, pensou, combatendo mentalmente uma enorme solidão que se tinha apoderado do seu estado de espírito.

Exausto, sentou-se no chão frio e úmido, encostou-se ao muro úmido e frio e adormeceu com o cansaço a pesar-lhe nas costas e nas pernas.

Na madrugada seguinte acordou gelado e esfomeado. Levantou-se e prosseguiu a caminhada. À medida que o dia, enevoado, avançava, os quilômetros sucediam-se e o fim da ponte nunca mais chegava.

Estranhamente, durante a caminhada não se cruzou com ninguém. Para além de infinita, a ponte era muito pouco utilizada. Ou nada, mesmo.

Quando a noite chegou, ao fim do segundo dia de caminhada, resolveu que aquele enigma já não o interessava, e o que pretendia era simplesmente voltar para casa. Já não queria saber onde é que a ponte ia dar, ou qual era o fim daquele mistério. Tinha perdido dois dias para a tentar atravessar, estava esfomeado e cheio de frio, não tinha visto ninguém durante todo o tempo, e bastava.

Tivesse ou não fim (tinha-o, com certeza!), na manhã seguinte ia voltar para trás. E assim que o dia começou a clarear, pôs-se a caminho. De regresso.

Apesar da frustração de não ter conseguido chegar ao fim da ponte, sentia-se satisfeito com a ideia de voltar a casa, ao conforto de um local acolhedor, de uma cama macia e, sobretudo, de uma refeição quente!

Durante os dois dias de retorno a constante mantinha-se: uma neblina permanente a sair de um céu escuro, sem luminosidade, o ruído dos passos a ressoar das pedras do chão e o barulho da água a correr debaixo da ponte. Água que nunca conseguiu ver, mas que se ouvia perfeitamente.

Na segunda noite de regresso pensou no absurdo que tinham sido aqueles quatro dias e o fato de os ter gasto ingloriamente.

No dia seguinte iniciou a marcha, mais animado. Depois de tantos dias frustrantes ia finalmente regressar à normalidade. À sua rotina.

O dia passou-se, sempre com um andar arrastado pelo cansaço e, no final do terceiro dia, quando já deveria estar muito perto do início da ponte, lembrou-se que continuava sem ver ninguém. Num sentido nem no outro.

Estava extremamente cansado e admirado por o terceiro dia de regresso ter chegado ao fim e o fim da ponte ainda não ter chegado. Tentou não se afligir. Seria normal. Afinal quando foi para lá ia mais folgado e ligeiro. O regresso é sempre mais penoso.

Adormeceu nessa noite a pensar na família e nos amigos, com um misto de saudade e de preocupação. Que razão haveria de lhes dar para depois de tanto tempo não ter chegado ao fim da ponte? Se bem que andar dois dias inteiros sem chegar ao fim

# um Beijo de Mão Beijada

do que quer que fosse, fosse realmente o suficiente para tirar a paciência a qualquer um. E se a outra margem tivesse demasiado perto e ele não tivesse lá chegado apenas por falta de persistência?

Era um pensamento que o entristecia, claro. Tanto esforço e afinal o fim podia ter estado ao seu alcance. E só poderia ter estado, porque a ponte não podia ser muito mais comprida do que aqueles dois dias de muito caminhar. Mas isso agora não o interessava.

Na manhã do quarto dia de regresso, esfomeado, ou melhor, já nem sentia a fome, acordou expectante. Ia finalmente acabar com aquilo que lhe parecia um pesadelo. Com dois dias para lá mais três dias para cá, já andava naquela ponte há cinco dias. Cinco penosos, cansativos e desérticos dias a ouvir apenas o ecoar dos seus passos. E um ruído de água a correr.

À medida que a tarde do quarto dia avançava, começou a desesperar. Não era possível que o começo da ponte estivesse assim tão longe. Não podia ser! Quatro dias para fazer o mesmo percurso que antes fizera em dois dias, apesar do cansaço, parecia-lhe absurdo.

Na noite desse dia já estava completamente transtornado. O começo da ponte tinha que estar muito perto. Nem era possível ter-se enganado no caminho. A ponte era apenas uma e não havia qualquer desvio por onde se pudesse ter enganado. Ou será que não voltou realmente para trás e estava a continuar em frente, na direção daquele fim infindo? Estava completamente baralhado e naquele momento tudo lhe parecia possível. Plausível. E estupidamente absurdo.

Durante o dia seguinte arrastou-se mais do que andou. Estava desesperado. Nem queria acreditar na sua sorte. A fome e a sede consumiam-no. Faziam-no delirar. Seria possível a ponte não ter fim? Para nenhum dos lados? Pelo menos tinha um princípio. Aquele por onde começou. Só que esse princípio parecia não ser um fim. Como sempre acontece numa ponte. Possibilidade absolutamente absurda, apesar de ser o que lhe estava a acontecer.

O quinto dia de regresso (pelo menos pensava que era o quinto dia, porque já não tinha bem a noção do tempo) passou-se lento, a arrastar-se pelo chão de pedra, joelhos feridos, a sangrar, e os pensamentos a chocarem-se na sua cabeça. A esbarrar momentos de lucidez com outros irreais onde parecia que enlouquecia.

Quando acordou ao sexto dia não teve dúvidas. A ponte não tinha fim. Para nenhum dos lados. Parecia impossível, mas era uma realidade que estava ali bem na sua frente. Por isso é que quem tinha ido nunca tinha voltado. E onde estariam os corpos, supondo que tinham ficado pelo caminho?

Desesperado pensou atirar-se da ponte e nadar para a margem. Mas se a ponte não tinha fim, também não haveria margem para onde nadar. Talvez passasse um barco, embora não acreditasse nessa hipótese. Naqueles oito dias de ponte não

um Beijo de Mão Beijada

se lembrava de ter ouvido um ruído de motor ou de barco a passar. Ainda que a remos.

Apesar de tudo estava decidido. Aquele seria o seu último dia sobre a horripilante ponte. Mesmo sem possibilidades de chegar a uma margem, não queria ficar mais tempo ali. Morreria por afogamento, mas tudo lhe parecia melhor do que continuar naquela ponte a enlouquecer pelo cansaço e pela fome. Talvez a corrente o levasse para uma margem ou para algum local onde pudesse ser socorrido.

Ganhou coragem e atirou-se. Só pensou que em poucos segundos ouviria o baque do seu corpo a chocar na água e o frio desta a queimar-lhe a pele. E depois seria o que Deus quisesse. Mas não. Minutos depois ainda não tinha entrado na água. Minutos que lhe pareceram uma eternidade. Sentia-se cair, sentia o ar frio e cortante a bater-lhe na cara e o corpo a deslizar no espaço. Mas a água nunca mais chegava.

Por muito que lhe custasse teve que encarar a realidade: não era só a ponte que não tinha fim. Para nenhum dos lados. Também a queda estava a ser interminável... incomensurável… infinda... infinita...

# fERNaNdO AgUIAr

*"Descobertas"*

## FINS-DE-TARDE

Todos os dias saía ao fim da tarde. Fechava meticulosamente a porta com quatro voltas, ajeitava o tapete se este estava fora do lugar, colocava o porta-chaves no bolso das calças e começava a descer distraidamente o terceiro andar. Pelas escadas, porque não havia elevador.

O velho prédio também não tinha porta, pelo que não saía. Provavelmente tivera-a quando foi construído, mas com o passar dos anos e, se calhar, com a falta de préstimo, nunca mais ninguém soube onde ficava.

Ao chegar ao rés-do-chão, (interessante palavra como, por exemplo, chove-não-molha ou maria-já-é-dia) após o último lanço de escadas, continuava a descer para o piso menos um e depois para o menos dois. E, talvez, para o menos três que, aliás, não existiam naquele prédio.

Ao que se sabe, só ele o conseguia fazer. Nem se entendia a secreta razão que o levava a tomar aquela atitude. Todos os dias. Ao fim da tarde.

# fERNaNDO AgUIAR

*"Afogado na Cultura"*

# PÁSSAROS DO FOGO

Absorto, olhava a fogueira fixamente.

As chamas amarelas, azuladas e avermelhadas sempre tiveram o poder de fixar os olhos de quem olha para elas.

Olhar fixamente não quer dizer pensar obsessivamente e, muitas vezes, os pensamentos não acompanham a fixação dos olhos nas chamas.

Nem era necessário raciocinar. Podia-se ver claramente que as chamas, ao saírem da fogueira, ganhavam a forma de pássaros, de diferentes pássaros, e elevavam-se no ar. Para de seguida se esfumarem no escuro da noite, como se nunca tivessem existido.

Mas existiam. Pelo menos durante o período em que saíam das chamas até voarem para longe, na noite.

Ninguém pode afirmar que não eram autênticos pássaros noturnos que esvoaçavam no escuro e se esfumavam.

Quem sabe se não teriam a capacidade de se elevar no céu, longe dos olhares, e voarem para outras dimensões mais longínquas que todos os pensamentos de olhares fixos em todas as fogueiras?

# fERNaNDO AgUIAr

"Renascimento Poético"

## É SEMPRE TARDE DEMAIS

Tivera sempre tendências suicidas. Não podia ver ponte, linha de comboio ou corda, que não ficasse logo a cismar.

Comprimidos, fazia-lhe impressão. Outro tipo de remédios lembrava-lhe dores, ansiedade, o corpo a contorcer-se, e disso não gostava. Não queria sofrer. Pensava inclusivamente que o fato de ter propensões suicidas tinha a ver com esse aspecto: o não gostar de sofrer. E a vida, pelo menos a sua, era uma sucessão de sofrimentos.

Lâminas impressionavam-no. Além do mais não podia ver sangue. Sentia-se mal e perdia a coragem. E muitas vezes os sentidos.

Tinha que ser algo que não o perfurasse ou queimasse. Obviamente que a hipótese de ácido estava posta de lado. E a de veneno também, até pela vertente corriqueira que representava. Era mais inteligente do que isso, e pretendia uma solução com uma certa dignidade, o que não seria o caso de um banal veneno para roedores.

As suas preferidas eram mesmo as pontes, as cordas e os comboios. E destes interessavam-lhe apenas os rápidos.

Mas a que mais o atraía, a sua secreta preferida, era atirar-se de um andar alto. De sétimo para cima. Achava entusiástica a ideia de planar, de voar, de sentir a liberdade elevada ao infinito antes de morrer.

Cada vez que ia a casa de um familiar ou amigo que morasse acima de um quinto andar sentia-se fascinado, hipnotizado pela distância que ia entre si e o chão alcatroado. Era uma atração irresistível que o impelia para a frente.

Só que havia sempre algo ou alguém que o interrompia no momento oportuno (bastante inoportuno, do seu ponto de vista) e que retirava ao ato toda a intimidade que este requeria.

Estava a ficar desesperado por ao fim de tantos anos e de várias tentativas frustradas, não ter conseguido os seus intentos. Tinha consciência que um suicida age sempre tarde demais. Mas estava-se a tornar demasiado tarde.

A falta de audácia – e também de oportunidade – começava a revelar-se crônica. O que o preocupava muito seriamente.

Um dia, de visita a casa de um conhecido que morava no sexto andar, ao abeirar-se da varanda das traseiras atraído por aquela obsessão irreprimível, viu em baixo, não o esperado alcatrão da rua, mas um enorme terreno ladeado por um muro alto de pedra, do qual sobressaíam frondosas árvores, de grandes copas, que contornavam uma espécie de mosteiro.

Romântico como era, o suicida pensou que aquele era o local e o momento indicado para o fazer. Precisou apenas de alguns segundos para ganhar balanço e afinar a pontaria para o espaço de terra batida, entre as árvores que estavam para lá do muro.

E desta vez, sem hesitar, atirou-se. Os curtíssimos segundos durante os quais

# um Beijo de Mão Beijada

percorreu no ar a sua trajetória ovoide, chegaram para recordar toda uma vida repleta de frustrações e concluir com alguma alegria interior que tinha finalmente conseguido. Que numa fração de segundo estaria estatelado no chão, absolutamente morto. Era a vitória final!

Sem se saber por que vento ou motivo, o suicida foi cair entre os ramos da mais harmoniosa das árvores, aos quais instintivamente se agarrou e logo a seguir largou, para cumprir o fim a que se tinha proposto.

Mas não caiu. Ficou preso pelo pescoço entre dois ramos em V, sem hipótese de sair.

Não se conseguia mover. O choque do pescoço ao prender-se na árvore paralisou-o. Provavelmente foi o esticão na coluna vertebral. Ainda gritou por socorro, mas a voz saía fraca. Ou nem sequer saía. Não percebeu bem. Tentou balancear o corpo, mas não conseguiu sair dali. Nem tinha morrido, que foi o que mais o preocupou.

Enquanto, angustiado, pensava numa solução, aos poucos, o dia ia ficando mais escuro.

É certo que queria morrer, mas agora só pensava num meio de se livrar daquele tronco que o prendia e o impediu de conseguir o que realmente pretendia.

O mosteiro estava deserto. Não se via luz nem se ouvia qualquer voz. Do prédio em frente ninguém tinha escutado os seus gritos de socorro, nem sequer o conhecido tinha vindo à varanda para ver o que era feito dele ou para perceber o que se estava a passar. Indiferença absoluta.

Estava desesperado. Não tinha conseguido morrer e agora perspectivava-se ficar ali a definhar, a morrer lentamente de fome e de sede, preso pelo pescoço.

De insolação não seria, por causa das folhas das árvores, mas aborrecia-o a ideia de sofrer por alguns dias. Morte inglória. Não era nada como tinha pensado!

Gradualmente ia-se convencendo de que nunca conseguiria sair dali. Assim é impossível alguém suicidar-se, pensou. E morrer de fome, de sede ou de dores não é suicídio que se tenha.

Apesar do dramatismo da situação e do pescoço entalado entre os dois troncos não ser uma posição nada confortável, acabou por adormecer de cansaço.

Dos sonhos que teve, nem vale a pena contar.

De manhã, quando despertou, já não sentia as dores que tivera durante horas. Tinha apenas a impressão do sangue a correr-lhe nas veias, frio e espesso. Aliás, as dores foram substituídas por uma sensação dormente e, de certo modo, confortável.

Tentou mexer os dedos de uma das mãos, mas não os sentiu. Viu apenas algumas folhas moverem-se vagamente.

Por estranho que pareça, não se sentia pendurado. E o mais surpreendente eram os dois ramos pequenos, minúsculos mesmo, que lhe tinham crescido na cara. Um ao canto da boca, e o outro a sair-lhe pela narina esquerda.

Com alguma dificuldade conseguiu olhar para os pés e reparou que de um dos sapatos descosidos pela queda também saía um pequeno ramo com quatro folhas muito pequenas e verdejantes.

Os dias seguintes foram os mais atrozes da sua vida. A roupa foi-se desfazendo e o seu corpo começou a cobrir-se de folhas e de uma finíssima textura de casca de amieiro. Pela primeira vez reparou que a árvore onde estava pendurado era um amieiro.

Incrivelmente estava a tornar-se parte da árvore, daquele enorme e quase secular amieiro. Deixou de sentir fome, sede ou dormência nos membros, o que comprovava a evidência que acabava de constatar.

Duas semanas depois já não se conseguia distinguir o suicida do amieiro, integrado que estava na árvore.

Agora não vai ser possível matar-me, pensou o suicida. Verdejante, cheia de vida, esquecida num terreno por onde quase ninguém passa... Esta árvore não vai morrer nas próximas dezenas de anos!

O suicida amargurou desesperadamente. Se alguma vez derrubassem o amieiro iria ser tarde demais!

# fERNaNDo AgUIAR

*"O Poeta"*

# O CÉU DE MÃO BEIJADA

Era todo beija-mão, e não recusava o beija-pé. Beijava antebraços, pernas, púbis, pescoço e todo o local que houvesse disponível e recôndito em cada corpo!

Corporizava a vida num beijo. Os beijos eram a sua paixão, a sua razão de viver, a sua grande e praticamente única alegria. E alergia também, porque se inflamava. Ardia com a expectativa de um beijo, por pequeno e deslizante que fosse. Morria por um, se necessário.

Sentia-se nas nuvens quando beijava. Era como planar no aconchego do algodão e depois desvanecer-se nas pétalas das margaridas. Por estranhas e púrpuras que fossem.

Nada o extasiava mais. Sobretudo quando beijava a Céu. E quando esta o inundava de beijos. Transpunha-se para outro mundo, outra galáxia.

Os lábios carnudos, a língua quente e úmida, o modo como ela o mordiscava com os dentes brancos, duros, com o hálito sem cheiro, faziam-no desejar loucamente os loucos beijos que daquela boca saíam.

Beijos que o satisfaziam plenamente. Planava dormente naqueles lábios como se o resto não fizesse sentido. Como se os sentidos já não sentissem nada e assentassem apenas na eternidade do beijo. Na enormidade de um beijo que se tornava eterno, uma sequência de atos efêmeros na direção do infinito. Por indefinição.

Entrava em ebulição com aqueles beijos escaldantes. Ebulia. Eram o hélio de um balão que o elevava.

O beijo era o seu mundo, a sua quinta, o seu sítio, o seu quarto secreto e privativo, o seu W.C. mais íntimo e intransmissível. Era aí que dominava e se sentia acima de tudo o que estivesse por cima dele.

Um beijo terno e sem limites era o seu refúgio.

Conheceu outra Maria. Do Céu. Que beijava divinamente. Divinalmente. Ia morrendo. Outra Céu que beijava como um céu aberto, como um imenso e profundo oceano, com a abertura e a abrangência dos tons claros de todas as cores.

Uma Céu sem margens, quando beijava. De lábios finos mas pegadiços e surpreendentemente beijoqueiros. Não beijoqueiros no sentido de motoqueiro. Era mais a nível de motard. O que ela realmente fazia era beijard. Beijard-lo. Ainda que não soasse muito bem. Mas sabia! Sabia-lo ! Sabia-le ! Ou lhe.

Beijava-lhe os olhos, as sobrancelhas, a testa, o nariz (adorava lamber-lhe o nariz), a maçã-de-adão, as orelhas, metia-lhe a língua pelos ouvidos, depois de lhe saborear os lóbulos. Enfim, verdadeiros beijos com a textura do horizonte, com a delicadeza de uma bolha no ar, e com o contorno de uma paixão sem forma.

Andava desnorteado com as suas Céus. Os seus dois céus. E não pensava em mais nada.

# um Beijo de Mão Beijada

A cada pensamento surgia-lhe os beiços de uma das Céus. Das bocas com lábios de céu, no céu de cada boca. Ora carnudos, ora finos mas contagiosos, sempre a cercá-lo, a prendê-lo, a aspirar-lhe toda a atenção e todas as emoções, a sugar-lhe a concentração que ele já não tinha, de resto. Pelo resto. Atenção e emoções que lhe transpiravam o rosto e o colocavam em riste. Ficava de rastos.

Os pensamentos elevados às Céus, uma tão beijoqueira quanto a outra, preenchiam-no, obcecavam-no. E o inevitável, que por vezes acontece, desta vez aconteceu.

Beijava extraordinariamente bem. Melhor: beijava extraordinariamente, soberbamente. Mente, mesmo.

Sedutora, com uns olhos verdes de se espraiar, beijava longamente, largamente, lentamente, sem tempo. E temperamentalmente, isto é, com muita avidez e tempero.

Era o que se podia considerar como um beijo-de-rainha. Beijos que punham toda a corte de joelhos. Que quebravam todos os espelhos. Também se chamava Céu. E este céu era o paraíso.

Havia um firmamento em cada beijo desta Céu. Ia ao céu a cada roçar eletrizante daqueles lábios que não podiam existir.

Beijava o chão que ela pisava. Ainda que fosse lama. Mesmo que fosse bosta. Mas bastava que respirasse para ele suspirar.

Ter três Céus era celestial. Havia um céu em cada beijo nos beijos de cada Céu.

Não sabia o que fazer. Sentia-se prendido, perdido, preenchido. E dividido. Extenuado pela entrega que punha no ato de beijar, mas era essa perspectiva que o alicerçava.

Todas as manhãs ginasticava os lábios para os ter sempre prontos. Para o que desse e viesse. Para o que visse e tivesse. Enfim, para aquilo que houvesse.

Já tinha posto de parte aquela ideia louca que lhe ocorrera depois de conhecer a última Céu. Ir à lista telefônica e marcar encontro com todas as Céus daquela constelação para descobrir outros lábios que beijassem, no mínimo, assim. Pareceu-lhe um exagero. Achou que se estava a passar. Mas passou-lhe.

Com o passar do tempo as Céus começaram a dar sinais de estarem fartas. Não da fartura, mas pela falta desta.

Porque se era ótimo a beijar, e beijava-as constantemente, a verdade é que também não passava disso. O que as estava a cansar. Por defeito. Qualquer das Céus era mulher para muito mais.

Todas elas precisavam mais do que ser habitadas por estrelas incandescentes, mas distantes. Meteoritos que roçavam, secantes, e depois fugiam. Sol que iluminava mas não queimava. E as Céus queriam arder.

Ao princípio achavam muito romântico e respeitador. Apaixonado, até. Mas só beijinho era elevado demais. Todas elas precisavam de algo mais terra-a-terra.

# um Beijo de Mão Beijada

Mais terra-en-terra. Em separado, porque não se conheciam.

O que verdadeiramente necessitavam era de um cometa que as acometesse e as trilhasse com um rasto profundo de asteroides dentro de si.

Mas mais, ele não era capaz.

Bastavam-lhe aqueles beijos em céu estrelado. Aqueles beijos de mão beijada. Das Céus. Era de bradar.

Os beijos eram o seu fraco, e era apenas forte nisso.

*"Poema Lírico"*

# PEQUENOS VÍCIOS

Distraído a olhar pela montra de vidro, rasgou o canto do pacote e começou a despejar o açúcar, lentamente, espalhando-o sobre a mesa e por cima das calças.

Com uma atitude ausente, pegou na colher e rodou-a em círculos como se mexesse algo dentro da chávena.

Aspirou profundamente o ar para pressentir o aroma que previsivelmente sairia.

Sempre pensativo, ponderou se deveria pegar na imaginária chávena e fazer o gesto de a levar à boca.

Desde que estava proibido de beber café, ainda não tinha perdido o maldito vício...

# fERNaNDO AgUIAr

EÇA DE QUEIROZ. – OLIVEIRA MARTINS. – ANTHERO DO QUENTAL. – RAMALHO ORTIGÃO. – GUERRA JUNQUEIRO.

*"We Love Visual Poetry"*

## MORTE CANINA

Esborrachou-se ali mesmo, estatelado no chão. Tinha caído/tinha-se atirado/tinha sido empurrado, não se sabe exatamente de que andar.

Pelo modo como o corpo ficou desfeito, pela distância a que o sangue espirrou, deveria ter sido de um dos mais altos.

A posição em que tinha caído/se tinha atirado /tinha sido empurrado, era igualmente uma incógnita. Mas pelas aparências, teria sido de cabeça.

Um dos braços ficou por baixo do corpo no momento do embate e apresentava-se bastante desarticulado.

A calçada estava horrivelmente suja. Os desenhos tradicionais do passeio empedrado ficaram irreconhecíveis pela enorme poça de sangue, e os membros inferiores desfeitos desfiguravam o local por onde, aquela hora, as pessoas passavam.

Não se sabia quem era, nem isso importava.

O impressionante era a quantidade de sangue esguichado na parede e os pedaços de uma matéria esbranquiçada, provavelmente cérebro, a escorrer pela montra envidraçada. Felizmente o vidro não quebrou.

A cabeça era o mais perturbador pelo ar inestético com que ficou. De olhos muito abertos e vidrados sobre o alcatrão, meia rachada pelo degrau do passeio.

Morte canina.

Se bem que não houvesse notícia de algum cão ter morrido assim. Que tivesse caído/se tivesse atirado/tivesse sido empurrado.

um Beijo dE Mão BEIjadA

"Carga Poética"

## DOMINGO DE OUTONO

Era belíssima. Extremamente vistosa. Alta, magra, elegante. E sobretudo bonita. Muito bonita. Sempre vestida de escuro, quase sempre de preto. Com sapatos altos que a faziam mais esbelta. E um pouco distante.

Apesar de calada e discreta (caminhava calmamente, sem evidenciar muito as ancas), despertava a atenção quando passava. Como era bastante introvertida e raramente fazia as suas compras nas lojas do bairro, ninguém sabia como se chamava, qual a sua idade ou, sequer, a sua profissão.

Talvez passasse modelos ou fosse cabeleireira. Trabalharia em algo ligado à beleza. Normalmente as mulheres bonitas têm empregos desse gênero.

Não se lhe conhecia marido ou filhos. Nem outros familiares. Namorado talvez, apesar de nunca ter sido visto. Era apenas uma suposição, porque uma jovem como ela deveria, com certeza, ter alguém.

Andava sempre sozinha. Nunca tinha sido vislumbrada com amigos ou simples conhecidos. Chegava a casa só, e saía igualmente solitária.

Era uma mulher misteriosa, mesmo que não fizesse nada por isso. Por isso havia quem a achasse antipática. Ainda mais por nunca se lhe ter visto um sorriso naquela face de anjo. O que aumentava o distanciamento.

Saía sempre muito cedo e chegava a casa ao final da tarde. Invariavelmente à mesma hora. Hábitos. À noite, pelo que se comentava, nunca saía.

Em casa raramente era vista através das janelas, em parte pela penumbra em que sempre estava envolta. Gostava da escuridão e do sossego. Nunca ninguém a viu vestir-se ou despir-se, mesmo não sendo de bom-tom as pessoas saberem o que os outros fazem em casa. Coisas.

Noite adentro vislumbrava-se, de quando em quando, uma senhora de idade, de cabelos brancos escorridos, com um ar levemente desfigurado, cheia de rugas, que espreitava com um ar melancólico por entre as cortinas ou pela janela entreaberta. Nunca declaradamente à janela, nem debruçada no parapeito. Eram sempre espreitadelas tímidas, olhares envergonhados para a rua ou para quem passava no passeio. E recuava, se olhos mais curiosos olhassem para cima.

Pelas feições deveria ter sido muito bonita. Com traços que faziam lembrar a jovem. Semelhanças que quem viu, confirmava. Pareciam parentes uma da outra. Mas sabia-se que a jovem era órfã e que vivia realmente sozinha. O que aumentava o enigma da jovem misteriosa e da senhora de idade que regularmente aparecia na janela.

Num domingo de Outono, sentada num banco de jardim, lamentava-se da vida que levava. Chorava, cansada de viver apenas consigo própria. Com o desalento, os seus longos cabelos esbranquiçavam, a cara engelhava, as mãos ficavam mais magras, as veias a sobressaíam e o corpo arqueava ligeiramente.

# um Beijo dE Mão BEIjada

Tinha vergonha de se mostrar assim. Por isso não andava acompanhada e evitava desesperançar na rua. Em público. Angústia que lhe aparecia todas as noites, no silêncio da casa, na penumbra das paredes do quarto encerrado pelas cortinas. Desconhecia a razão daquela transformação noturna. Talvez para fazer companhia a si própria. Era o mais provável. Mas não compreendia.

Acordava todas as manhãs com um medo terrível de se levantar assim. Com o desespero estampado no corpo...

# fERNaNdO AgUIAR

*"Acerca da Poética"*

# A CONSCIÊNCIA DO PROVÉRBIO

Quando deparou com o esfomeado, sabia que não lhe devia dar o peixe que levava no saco e que lhe poderia matar a fome. Mas só por aquela vez.

Recordou o previdente e ancestral provérbio que aconselhava a ensinar a pescar quem tem fome, em vez de lhe dar de comer.

Como não tinha cana de pesca, nem ali perto passava nenhum rio ou se espraiava qualquer mar, e como, principalmente, ele próprio não sabia pescar (comprava sempre o peixe numa casa de congelados), continuou o seu caminho de consciência tranquila, satisfeito por ter feito o que lhe fora possível fazer.

# fERNanDO AguIAr

"A Poesia Morreu I"

## PATA DE INDECISÃO

Desde muito nova que era assim.

Tinha sido sempre o seu problema.

Quando balançava para um lado, pendia logo para o outro.

O mesmo se passava nas relações com os amigos ou colegas de trabalho.

Umas vezes achava que sim, mas ao mesmo tempo era melhor não. Às vezes era realmente capaz, mas depois já não o era.

E foi crescendo nesta dicotomia de pata, com uma espécie de penugem a confundir-lhe o cérebro.

Chegava a pensar: agora é que tem de ser, mas nesse instante achava que não conseguia.

Até que concluiu que não podia continuar assim e decidiu: ou bem que sou, ou bem que não sou, pensou convencida.

Desta vez é que é! E foi-
-se.

fERNaNDO AgUIAr

"Senso Literário"

# PORCA DE VIDA !

Sentia-se mal com a vida que levava, apesar de nada se levar desta vida.

Vivia num medo doentio. Tudo o que se lhe deparava a amedrontava. Tinha horror a qualquer atitude, aos ruídos, ao movimento. Todos a punham de pé atrás.

Até os pensamentos a aterrorizavam. Só de pensar nisso ficava assustada. Transpirava. O suor saía-lhe abruptamente pela testa e as mãos ficavam úmidas e frias.

Não havia atrativo que a atraísse, interesse que a interessasse ou alegria que a tornasse feliz.

Por isso não gostava da vida.

A sua era um inferno, mas não podia fazer nada. Era a vida.

Porca de vida!

fERNaNdO AgUIAr

"Recusando as Novas Poéticas"

# RADICAIS DESPORTIVOS

Era um fervoroso adepto do desporto radical. Não dos desportos radicais, mas do Desporto Radical. O único que, aliás, existe.

Os outros, como o *Paint-ball*, o *Rafting* ou o Parapente, chamados equivocadamente de radicais, não passam de desportos para iniciados e curiosos.

O *Hidrospeed*, o *Rappel*, ou o *Wind-surf*, por exemplo, são simples brincadeiras que os jovens aproveitam para se divertirem e exibirem perante as agradadas, como perus sem penas com pretensões a pavão.

Tinha-se apaixonado pelo verdadeiro desporto radical: a *Roleta-russa*.

Essa era, efetivamente, a modalidade de quem ama a aventura, de quem gosta de emoções fortes e de sentir o sangue fervilhante a percorrer-lhe o corpo. Por dentro e, por vezes, também por fora.

Com o tempo tinha-se tornado num experiente executante da *Roleta-russa* onde, por extraordinário que pareça, se perde quando se acerta.

Praticava com regularidade. Sobretudo quando se sentia abatido, *stressado* e em baixo de forma.

Resultava sempre. Depois de jogar sentia-se renascer, com a adrenalina no máximo, pronto a enfrentar mais uma monótona semana de trabalho e de vida.

Com a vantagem de não necessitar de discutir ou de disputar com alguém ou contra outra pessoa. Competia consigo próprio numa atitude de autossuficiência e de respeito para com os outros.

Achava degradante medir forças, quaisquer que fossem, com outra criatura, num propósito bárbaro e cruel de alguém ter, necessariamente, que ficar a perder.

Aqui, media forças consigo mesmo. Nem era bem medir forças, era mais uma questão de pontaria. Ou de falta dela. Melhor: nem isso, era apenas o questionar do barômetro do seu quinhão de acaso.

Consistia em enfrentar a sorte, confrontar-se com algo superior, acima de qualquer mesquinho mortal, invejoso e presunçoso.

Pegava na velha *Smith & Wesson* que lhe viera do avô, introduzia a bala no tambor, rodava-o com um gesto rápido e enérgico e encostava a pistola à cabeça.

Depois disparava.

Ganhava sempre. Isto é: nunca tinha acertado.

Imperturbável rodava invariavelmente o tambor, com força, e com um gesto seco carregava no gatilho. Repetia a operação no mínimo três ou quatro vezes.

Um dia, depois do cão da arma encontrar o fundo da bala, gravaram o seguinte epitáfio na sua pedra tumular:

> "Deixou de praticar desporto
>
> por fazer mal à saúde".

um BeIjo dE MãO BEIjadA

"A Poesia Morreu. Viva a Poesia! II (Homenagem a Eugenio Miccini)"

## QUESTÕES EXISTENCIAIS

Esta seria a história de um herói, se o herói desta história não fosse um anti-herói.

É claro que não é comum os heróis das histórias serem anti-heróis, além do mais tímidos, como este.

E logo numa história onde o herói poderia fazer literalmente o que lhe apetecesse, sobressaindo do modo que quisesse. Um direito inerente à sua condição de herói.

Mas não. Com uma personalidade introvertida e um perfil demasiado discreto, o herói desta história nem chegou a aparecer.

Até porque, como anti-herói, não gostava de se meter em histórias. Sobretudo destas.

Afinal para que serve uma história sem herói? – Perguntará o leitor.

E será que o leitor gostaria de ser o herói desta história? – Questionará legitimamente o autor.

Porque uma história sem herói não é história! – Argumentará, de novo, o leitor.

E tem razão.

É por isso que esta história não existe.

*"Poème Trouvé (Para a Ana Hatherly)"*

# O FRIO E O FORNO

Quando o forno crematório chegou à aldeia, ele, que sempre fora religioso, mostrou certas reservas. No seu íntimo estava contra, mas não queria que os restantes pensassem que era retrógrado, antiquado, anacrónico. Além de que seria, sem dúvida, mais prático. E higiênico.

Foi com alguma revolta e um desconfortável silêncio que assistiu aos operários procederem à montagem da obra. Dia após dia. E seguir a instalação do forno, propriamente dito, ali mesmo, frente à sua casa.

Os engenheiros foram ainda mais engenhosos e hábeis, na compreensão de uns; necrófilos, na perspetiva de outros. Aproveitariam a energia produzida pela cremação dos defuntos para proporcionar aquecimento para a aldeia, a começar pelas casas mais próximas do cemitério. Incluindo precisamente a sua. E a iluminação da rua, também. Ficara a pensar na questão da "energia libertada pela combustão dos corpos", e pensou que havia algo de perverso ao falar-se de "libertação" ao ato de queimar um corpo. Apesar da energia produzida por esta "ação libertadora" saber-lhe bem e ser mais barata que a energia disponibilizada pela eletricidade.

Custava-lhe digerir a ideia de alguém estar a ser queimado para que ele não passasse frio. Mesmo estando morto. Não seria exatamente assim, considerando que o falecido já o estava, antes de ir para o forno mas, apesar de tudo...

O certo é que os vivos beneficiaram com a passagem dos outros ao estado de defunto, mas não deixava de ser cruel pensar que o ato de se queimar uns, refletir-se-ia na quentura de outros.

Mais incomodativa era a ideia de um dia ele próprio ser libertado. Para acalorar outros. E/ou dar luz. Logo ele que até gostava do seu bairro à noite, obscurecido pelo luar.

Os outros, no caso, seriam os seus vizinhos e conhecidos. Gente de quem não gostava particularmente. Ideia arrepiante. Não lhe agradava mesmo nada servir de lenha para aquecer pessoas que lhe desagradavam. Pensamento que lhe deu um frio na espinha. E calafrios na pele.

Com o tempo foi-se habituando à ideia e, nos dias mais frios, era reconfortante aquele calor produzido pelo forno crematório. A custos bastante mais baixos, é preciso não esquecer. Se excetuarmos os humanos, é claro, mas esses também já se tinham finado. E, por a rentabilidade ser baixa, a companhia de eletricidade deixou de operar naquela aldeia.

Anos depois, durante um inverno particularmente rigoroso que parecia nunca mais ter fim, as casas das redondezas, incluindo a sua, deixaram de estar tão quentes como habitualmente.

Não se andava a morrer muito e o calor produzido pela cremação dos corpos não era suficiente para manter o aquecimento dos vivos.

# UM Beijo de Mão Beijada

O inverno endureceu ainda mais. O frio continuava a apertar. Gelado. E as pessoas, talvez devido ao frio, não estavam a morrer. Ao contrário das estatísticas que costumam dizer precisamente o contrário. Para contrariar. Mas as mortes não aconteciam a um ritmo considerado desejável.

E estava a sentir na pele essa falta de, digamos, matéria-prima. A casa gelava, a mulher e os filhos tremiam de frio, mesmo com a roupa de lã e os cobertores a que se tinham enrolado. A situação estava a ficar desesperada e as autoridades nada faziam.

É evidente que não podiam decretar a morte de alguns, ainda que doentes e mais velhos, para que esses "libertassem" o seu calor para os friorentos habitantes da aldeia, mas o certo é que não estavam a ser conseguidas soluções alternativas.

Tinha consciência de que a situação era delicada. Muita gente recusava-se a aceitar a ideia de queimar porcos ou cães para alimentar o forno crematório e produzir calor. Ele próprio não sabia se concordava com uma solução deste tipo. O forno crematório foi feito para cremar pessoas e não para assar animais...

Considerava que, apesar de tudo, a atitude de queimar um corpo tinha algo de sagrado e que seria um sacrilégio queimar animais no mesmo local em que se cremavam pessoas. E anti-higiênico. Apesar de não entender muito bem o último argumento.

Perante esta recusa de cariz cristão, restava apenas uma solução: esperar pacientemente que alguém "arrefecesse" para proporcionar calor aos outros.

O frio era muito e o desespero também.

Quem espreitasse pela janela, ao entardecer, podia constatar o deambular pelas ruas de pessoas com olhar desconfiado, observando-se de soslaio por baixo dos gorros que traziam na cabeça, de onde, dentro dos grossos sobretudos despontavam enormes facas de cozinha. E ele sabia o que dizia, porque também por lá andava…

# um Beijo de Mão Beijada

"A Salvação"

## O OUTRO EU

Acordei com o meu outro eu a dizer--me ao ouvido:

– Hoje são noventa e sete ponto sete ponto onze.

Olhei para ele sem perceber. A matemática pela manhã não é o meu forte.

O outro eu, mais complicado que eu próprio, me olhou com um ar superior e já sem paciência repetiu num tom arrastado e monocórdico:

– Hoje são noventa e sete do sete do onze. Desta vez sem pontos, para ver se eu percebia.

Fiz um esforço para decifrar o enigma e concluí que o imbecil queria apenas dizer que estávamos a 11 de Julho de 1997!

! Merda ponto à ponto vai – atirei-lhe chateado.

Voltei-me para o (meu) outro lado e adormeci de novo.

# fERNaNDO AguIAR

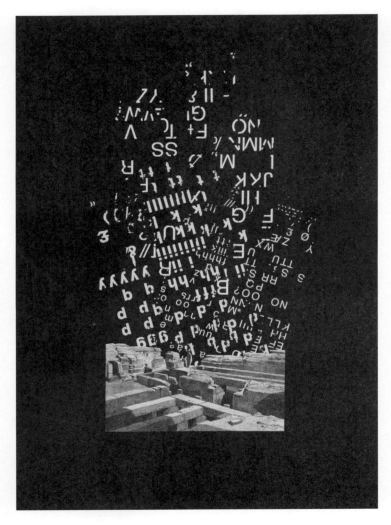

"Constelações"

# O (EN)CANTO DA CATATUA

A catatua encantava com o seu cantar.

Começava a cantar logo que acordava, e arrebatava quando encetava o cantar.

O seu canto era mais gracioso do que o do pardal quando chilreia, do que o da andorinha quando gorjeia ou do que o do canário quando trina.

Mas tinha um problema que lhe desafinava a consciência. É que o canto com que encantava estava cheio de gralhas. Desencantando qualquer cântico.

É certo que quem a ouvia deliciava-se com a melodia das frases e pouca atenção dava à ortografia do canto.

Só que, para a catatua, no canto as palavras também contam. E contavam-se bastantes gralhas nos cantos que a catatua cantava.

Para esta, um canto com gralhas era como ter grilhetas na garganta. Não se soltava. Não dava asas à sua imaginação vocálica. Ficava como que agrilhoada às gralhas. Gralhas essas que nem sequer grasnavam.

Um dia resolveu ir ao crítico, animal sábio e conhecedor, ave de rara sensibilidade, respeitado por toda a fauna literária e não literata, que analisou o caso profundamente na garganta da catatua.

Após uma prolongada e refletida apreciação, sentenciou: isto deve ser gralha! Nunca vi uma catatua com gralhas na garganta!

E com um olhar meditativo, continuou: é como se o grilo tivesse grilhões, o ganso tivesse gaios ou o gavião tivesse garças.

O que precisas, catatua – disse o douto ovíparo – é de um revisor vocal. Que te reveja as vocálicas e as consonânticas gralhas cada vez que cantas.

A gralha ficou encantada com o conselho, e a partir desse momento voltou a cantar. Com gralhas, é certo, mas também com um abutre na garganta que lhe comia as gralhas cada vez que gralhava. Ou grilhava. Ou agrilhoava. Ou grelhava. Ou agrilhava. Ou agrulhava...

um BeIjo dE MãO BEIjadA

"Ode à Crítica"

# O PERNILONGO E O BEIJA-FLOR

Era uma maneira estranha de caminhar. E de estar na vida, também. O pernilongo andava sempre com um beija-flor entre as pernas. Pelo menos era o que parecia, não se percebendo a exata colocação do beija-flor sob o pernilongo.

Nem os porquês dessa razão. Não se entendia a atração do beija-flor pelas pernas (ou entrepernas) do pernilongo, nem o passivo consentimento deste para tal atitude.

Enquanto o pernilongo vasculhava no lodo do lago as raízes, os insetos ou os pequenos peixes com que se alimentava, o beija-flor mantinha-se fielmente entre as suas pernas, fazendo o mesmo. Procurando o alimento com que se nutria.

Se o pernilongo voava para outro lamaçal, o beija-flor (também conhecido por chupa-flor) seguia-o, aninhando-se sob as suas pernas. Ou melhor, entre elas.

E assim se tornaram inseparáveis, apesar de não serem propriamente amigos.

Um dia, sem qualquer postura que o indicasse, o pernilongo levantou subitamente voo e desapareceu no horizonte.

O beija-flor, apanhado de surpresa, não reagiu.

Desesperado, sentindo-se desprotegido, lançou as asas à cabeça e quase enlouqueceu.

Ele, que até aí se comportava como uma ave especial pela relação ambígua que mantinha com o pernilongo, sentiu-se, de repente, um vulgar beija-flor, igual a todos os outros daquele charco. Ou ainda mais igual, pela alteração de estado e de estatuto.

É certo que esta história pode não ter uma moral que a justifique. Mas que moral é que podia haver num chupa-flor que andava sempre com a cabeça entre as pernas do pernilongo?

# um Beijo de Mão Beijada

"Lyric Poem"

## OS PAPAS

O papa-figos e o papa-moscas eram amigos. Relativamente. Porque não eram íntimos nem andavam sempre juntos. Movimentavam-se em áreas diferentes: o papa-figos costumava devorar os ditos pelos montes, enquanto que o papa-moscas sugava insetos onde quer que os houvesse. Até aqui tudo normal. Exceto para os insetos.

Um dia (estas coisas acontecem sempre um dia) apareceu uma tsé-tsé por aquelas bandas. Para o papa-figos era indiferente porque a sua especialidade gastronómica era outra. Para o papa-moscas as perspetivas não eram más, porque sempre tinha a possibilidade de mudar de ementa. Mesmo não sendo apreciador de comida chinesa, e esta parecia-lhe uma especialidade oriental. Mas mosca é mosca, e à hora da refeição não se olham a asas. Nem a credos. Quaisquer que fossem os da tsé-tsé.

Assim que percebeu as intenções do papa-moscas, a tsé-tsé que não era dama para se deixar comer por qualquer um, tratou de zelar pela sua saúde, tratando antecipadamente da referida ao papa-moscas.

Quando este chegou todo lampeiro para a devorar, num *passo doble* voou-lhe para trás da orelha e espetou-lhe o ferrão com a doença do sono.

Ainda hoje o desesperado papa-figos tenta em vão acordar o amigo, agora conhecido pelo papa-roncos, que em vez de

FERNANDO AGUIAR

ficar a dormir como mandam as regras para uma vítima da tsé-tsé, ficou sonâmbulo, e de olhos esgazeados anda aos figos nas noites de lua-cheia.

# um Beijo dE Mão BEIjadA

"Batismo Literário"

## MERA VAIDADE DE MERO

O Mero era um peixe como todos os outros. Sobretudo meros. E como os restantes peixes, o Mero comia todos os peixes que podia. Como podia com muita coisa, andava sempre com um coral arroxeado às costas.

Considerava-se o mais importante e o mais vistoso dos mares, apesar de ser apenas um vulgar mero. Se bem que sabia ser mau como a maior parte dos meros. E como a maior parte dos meros, o Mero não comia os outros meros. Apenas desdenhava.

Era uma questão de bom senso. E de sabor. E também de saber, pois o Mero sabia conviver com os da sua espécie.

Para além do saber e do sabor, era um mero sensual. Por vezes substituía o coral arroxeado que trazia às costas, por algas viçosas, algo brilhantes, que refletiam os raios do sol que atravessavam as águas do mar.

O sol que é um elemento que por natureza se entrega, conferia à natureza uma luz mais radiante e um calor mais colorido. Até porque sem o sol não existe cor, dizem os cinzentos teóricos da estética.

O Mero duvidava. Achava que a cor está sempre lá, só não se vê porque está escuro. Neste ponto os obscuros teóricos da cor não concordavam com a clara opinião do Mero. Sem a claridade da luz, haviam decidido que a cor não existia. E pronto!

E porque sem luz não se vê a cor, às escuras ninguém consegue provar que

realmente lá está. O que colocava os des-
maiados estetas numa situação vantajosa.

Por estas e por outras opiniões, os
peixes achavam que o Mero não era um
mero mero. Assim como os restantes me-
ros, aliás. O fato de nenhum dos distintos
meros daquele mar andar com um coral ar-
roxeado às costas, logo o arroxeado que era
dos mais raros e preciosos, fazia com que
aquele fosse um mero diferente, especial.

Gastronomicamente, do ponto de vis-
ta dos pequenos peixes, a diferença não era
muita entre o Mero e os outros meros. Ape-
sar de se fazer acompanhar por um coral ar-
roxeado e por vezes de algas viçosas, algo
brilhantes, o Mero não se coibia de comer os
pequenos peixes que passavam por aquelas
paragens. Nem os que paravam por aque-
las passagens.

Pela ótica dos peixes de grande porte,
o Mero saber-lhes-ia como qualquer outro
que costumavam comer, se lhe pusessem
os dentes no lombo. Só não apreciavam o
coral arroxeado, apesar de ser dos mais be-
los e suntuosos.

Abordadas as teorias estéticas e as
teses de barriga, persistiam as razões so-
ciais. Os meros meros sentiam uma nesga
de inveja que facilmente se adivinhava.

Mas nem lhes passava pela cabeça
colocarem corais às costas só para ficarem
mais bonitos e vistosos. E os arroxeados
eram realmente raros naquele mar.

O Mero desdenhava. E desenhava nas
águas do distante mar que os raios do sol
atravessavam, traços inconfundíveis de pe-
quenas bolhas, gingando a cauda ondulante,

# um Beljo de Mão Beljada

abrilhantada pelo coral arroxeado ou pelas algas viçosas, algo brilhantes, consoante a disposição do momento. Ondeava, exibindo o belo porte e arrasando os meros meros de inveja.

Para cúmulo, pensou em trocar o coral arroxeado por um outro, azul Klein, que lhe daria um ar mais personalizado. Mas não encontrou nenhum coral daquela cor, naquele mar.

Pela imponência do porte e pelo ar distinto, o Mero era socialmente considerado nas águas onde os meros mareiam e, enquanto um goraz esfrega um olho, chegou a um lugar de destaque na hierarquia governativa da peixeirada.

Era um membro sem pasta, é certo, mas com um lindo coral arroxeado nas reluzentes costas, onde por vezes serpenteavam algas viçosas, algo brilhantes.

# fERNaNDO AgUIAR

*"Euripharinx Pelecandides Poeticus"*

um BeIjo dE MãO BEIjadA

# O ANJO DA GARÇA

Era uma garça estranha.

Além de ser uma garça sem graça, ainda por cima grunhia. E por baixo também, por vezes.

O mais irritante é que passava o dia a grunhir em vez de grasnar.

É certo que quem grasna são as gralhas, os corvos e os gaios, mas a garça não conhecia essa verdade.

Uma garça gazeia, garantiam os galos e os gansos. E para uma garça que se pretendia graciosa e não grosseira, grunhir era muito pior que grasnar ou gazear.

Mas a garça teimava em grunhir sempre que abria as goelas.

Um pelicano que tinha sido canonizado anjo foi, por azar, nomeado anjo da garça (diz-se que o mais importante milagre que fez em vida foi o de transformar água em vinho, o que afinal é mais comum do que se pensa. Depois de morto é que não se sabe, ao certo, quantos milagres lhe irão ser atribuídos).

O anjo pelicano não gostava nada de ter sempre à sua volta uma garça sem graça e que grunhia.

E se bem pensou, melhor o fez.

Um dia convocou todas as aves canoras daquele céu e decretou:

– Conforme sabem, quem grunhe são os porcos e os javalis e não as garças.

Como a garça teima em grunhir em vez de gazear, a partir de hoje deixa de ser garça!

E transformou-a num camaleão velho, verde e de língua muito comprida e poliglota.

Além de grunhir o camaleão também grasnava, urrava, latia, uivava, zumbia e palreava. Apenas não gazeava. O que, com o permanente ruído e o passar do tempo, deixou o pelicano completamente fora de si.

Ao que consta esse foi o último milagre do anjo pelicano em vida: sair do seu próprio corpo!

uM BeIjo dE MãO BEIjadA

*"O Anjo da Graça"*

# O TUCANO TOCADOR DE CLARIM

O tucano era tocador de clarim. E guerreava, igualmente, porque era um tocador de clarim de guerra.

Foi numa das muitas batalhas que disputou que perdeu a cabeça. Não se lembra, mas pensa que foi uma bala de canhão, daquelas redondas e pesadas que quando acertam arrancam a cachimônia pela raiz.

Para a guerra não fazia falta, refletia o tucano num tom consolador. Era uma preocupação a menos. Um peso que escusava de carregar. A cabeça e o chapéu de feltro, agora completamente inútil.

O pior é que não podia tocar clarim. Por muitas voltas que desse à cabeça que não tinha, sem bico para soprar o clarim, era impossível continuar a fazê-lo soar. O que limitava, em definitivo a sua arte de guerrear, ou o guerrear através da arte que era a sua. A de tocar clarim.

O que mais o incomodava é que também não podia tomar chá. O tucano era um arreigado apreciador de chá. Era realmente a única ocasião em que não estava disponível para a guerra, nem para tocar clarim. Isto no tempo em que tinha bico e cabeça, claro.

A hora do chá era sagrada e tudo deixava para o saborear. Ainda que estivesse a meio de uma batalha. Ia para trás de umas moitas e desligava-se completamente da realidade, saboreando o seu chá, que preparava ali mesmo.

Acrescente-se, em abono da verdade, que o tucano teve pena de não ter perdido a sua preciosa cabeça por chá, em vez de ser por uma prosaica e banal bala de canhão.

Uma situação que ele consideraria honrosa para ficar sem a referida, seria se esta fosse decepada por uma espada ou baioneta, enquanto sorvia lentamente o chá por trás de uma árvore. Por exemplo. Como ato não seria dos mais corajosos, mas para um chazeiro ferrenho, fazia todo o sentido.

Ainda assim não deixou de ser o grande apreciador de chá que sempre fora, embora agora fosse impossível bebê-lo ou simplesmente cheirá-lo. Segurar na chávena era fácil, mas depois...

Sem o bico para sorver os goles da infusão, lá se tinha ido um dos prazeres do tucano, o que era um problema bicudo. Pela falta deste.

Pudesse resolver a questão do chá como resolveu a do clarim, tudo seria mais fácil. Porque o tucano apreciador de chá e tocador de clarim que perdeu a cabeça na guerra, passou a tocar tambor.

Sem um ritmo tão acutilante ou um som tão subliminar. Mas apesar das batidas algo descoordenadas e falhas de ideias conseguia, ainda assim, cumprir com as suas obrigações de militar sem cabeça.

um BeIjo dE Mão BEIjadA

"O Descanso do Guerreiro"

## JOGOS DE CABRA

A cabra cega nunca percebeu porque é que se jogava à cabra-cega.

Não entendia onde estava o divertimento de não ver e de andar às voltas, de patas esticadas, apalpando tudo e nada, na esperança de encontrar alguém. Como brincadeira era, no mínimo, tacanha.

Sempre lhe parecera um estranho e inútil jogo, apesar das outras cabras lhe terem explicado como funcionava e quais as regras. E que gostavam realmente de jogar esse jogo.

Mesmo percebendo-as, a cabra-cega considerava uma barbaridade alguém divertir-se com um passatempo tão cruel, brincando com algo que tanto a angustiava. Apesar de ser sempre assim. O divertimento de uns é a angústia de outros.

Um dia, sem saber porque milagre, a cabra acordou a ver.

Quando abriu os olhos viu as cores do céu e das nuvens. As formas das rochas, dos montes e dos arbustos. Viu a textura dos troncos, o movimento das águas do rio e as árvores com as folhas a ondularem. Tudo o que conhecia apenas pelo olfato e pelo tato, se assim se pode dizer, dos seus cascos. E achou o mundo maravilhoso!

Ficou encantada com tudo aquilo que se podia fazer, vendo. Correr, saltar sobre as pedras, rebolar-se pelas ervas do chão, ver como as outras cabras marravam umas nas outras, e tudo o mais que uma cabra que tinha passado a ver podia fazer.

Havia tanta coisa divertida de que tinha ouvido falar e que não conhecia! Principalmente aquelas que eram mais populares e que tanto entusiasmavam as cabras. Queria recuperar todo o tempo perdido, todas as horas que estivera sem ver, e divertir-se também. Pelo que passava tardes intermináveis a brincar com as outras à cabra-cega!

um BeIjo dE Mão BEIjadA

"No Abismo da Poesia"

## A LUA DE MEL DO LOUVA-A-DEUS

O louva-a-deus era um comilão dos diabos. Só pensava em comer e em copular. Como a maioria dos insetos, aliás. E passava o dia a mastigar tudo o que fosse comível. Quanto a copular a questão era mais delicada.

Tinha consciência que a primeira vez que copulasse seria também a sua última. Por isso comia, enfardava, engolia, devorava e, consciente, libertava a mente de maus pensamentos.

Sabia que uma das fêmeas que por ali rondavam o havia, um dia, de comer. Literalmente. Sem literatura ou história de cordel. Sem metáforas ou canção do bandido. O louva-a-deus vingava-se comendo tudo o que lhe aparecia pela frente e lhe parecia satisfazer o dente.

Era a forma de adiar a cópula, por mais culpas que sentisse, recusando-se aos chamamentos mais que suspeitos das louva-a-deus.

"Como é que alguém que louva-a--deus pode comer o seu semelhante?" – Pensava ele, chateado com a contrariedade. E ao contrário daquilo que sentia vontade, por mais capaz que fosse e era-o, continuou a praticar a masturbação, sempre eficaz. Na altura certa, no local que lhe convinha, à hora que mais lhe apetecesse e sem efeitos secundários. Pelo menos aparentes, diziam os entendidos. Embora não preferisse.

Nem o fato de louvar a Deus lhe valia. Depois do ato, qualquer fêmea era uma potencial devoradora. Por mais que ele louvasse e por muito religiosa e crente que ela fosse.

Passou-lhe pelo pensamento que sexo e religião não eram uma mistura sadia, dando assim razão às vozes mais tradicionalistas. E aqui estava a prova. Mas em questões de teologia nunca se sabe. E de sexo muito menos.

Portanto, ao louva-a-deus só restava a masturbação e comer o mais que pudesse antes que fosse comido.

Um dia, ao deglutir gostosamente certa tenra e verde folha, deu de caras com uma lindíssima fêmea que o encantou. O corpo esguio, as pernas compridas e bem torneadas, as asas brilhantes e quase transparentes e um olhar de desfalecer.

Que não se importava nada de ser comido por uma fêmea daquelas, foi o que lhe passou pela cabeça, meio conturbada pela emoção. E partiram em lua de mel.

Se é que se pode chamar lua de mel ao ato de dois insetos se consumirem mutuamente. Primeiro o louva-a-deus a copular nervosa e desvairadamente com a sua fêmea. Depois olhar bem nos olhos desta e perceber o sorriso de Mona Lisa que lhe percorria os lábios...

um Beijo dE Mão BEIjadA

"Soneto Acerca do Erotismo"

## MÁ SORTE TER SIDO POETISA

Era uma vaca literata. Foi o que lhe coube em sorte nesta vida. Ser vaca e logo literata. Por azar, poetisa.

Sempre que mugia, fazia-o em verso. Os seus mugidos acabavam invariavelmente em rima. Tipo múúúúú com búúúúú.

Vivia frustrada. Se ser vaca era achincalhante se, por ser literata, era olhada de lado, ser poetisa era o pior que lhe podia ter acontecido.

Perdia tempo a poetar, a ruminar coisas que não interessavam a ninguém, e não ganhava nada com isso. Nenhum outro animal lhe reconhecia o talento poético que realmente tinha.

Além disso a poesia não servia realmente para nada. Felizmente, como diria outro quadrúpede literato.

Mas não havia nada a fazer. Desde que nascera que mugia em verso. Tinha sido sempre assim. Era a sua sina.

Sentia-se isolada, diferente das outras vacas que mugiam em prosa, o que as tornava mais apreciadas.

Chegavam a ir à televisão mugir prosaicamente para os rebanhos nacionais. O que dificilmente aconteceria com ela, por mugir em verso.

É certo que as vacas literatas, fossem elas de que gêneros fossem, eram muito mais apreciadas depois de mortas. Sobretudo em bifes.

A vaca sentia-se, com toda a razão, angustiada. Melancólica, gostava de ir para a beira-mar ruminar as suas mágoas.

As ondas iam e vinham, vinham e iam, e ela ficava. Pensativa.

E se deixasse de mugir, para não mugir em verso?

Se lhe jurassem a patas juntas que isso a tornaria mais feliz, limitar-se-ia a remoer as palavras na sua mioleira e a abanar o rabo em sinal de enfado.

Má sorte ter sido poetisa!

um BeIjo dE MãO BEIjadA

*"Má Sorte Ter Sido Poetisa"*

## COMPLEXO DE OVELHA RANHOSA

Detestava ser tratada dessa maneira, mas todos a consideravam uma ovelha ranhosa. Sem apelo nem agravo.

Bem lá no fundo ela até sabia que o era, mas a certeza, porém, é que não gostava nada de o ser.

Era o seu grande complexo. O maior mesmo. E talvez o único. Ou, pelo menos, dos poucos. A bem dizer, o incomparável que a acompanhava desde muito nova, praticamente desde sempre, atendendo a que ainda era um mamífero jovem.

Concluiu que tinha que fazer algo para deixar de o ser e para que os restantes a deixassem de a considerar como tal. Ser ovelha ranhosa, a todo o tempo era, para além de desconfortável, extremamente desprestigiante, e uma ovelha também tem direito à sua dignidade. Ao menos no âmbito do rebanho.

Após a consulta decidiu levar até às últimas consequências o tratamento recomendado: uma vacina profilática, como todas as vacinas que se prezam, comprimidos, pingos para o nariz e, de quando em quando, pastilhas para a garganta.

Ao fim de poucas semanas já não tinha a voz roufenha, os balidos não lhe saíam arrastados, deixara de espirrar constantemente e não lhe caíam aqueles irritantes pingos no nariz, que lhe umedeciam a erva já de si orvalhada.

# fERNaNDO AgUIAr

*"O Achamento"*

# A DOM(IN)ADORA

A Anaconda era domadora de cobras. Cada vez que sibilava, as víboras retorciam-se de medo e obedeciam encantadas pelos seus olhos hipnóticos.

Hipóteses para esta razão não faltavam. A maior parte eram apenas probabilidades, mas o fundamento para a Anaconda se tornar domadora era uma incógnita. E logo de cobras.

Recalcamentos de infância, gosto em subjugar os outros, simples prepotência, vocação réptil ou trauma erétil. Mas eram apenas conjeturas.

Não domava unicamente víboras. A Anaconda domesticava igualmente Jiboias, Cobras-de-Água, Boas, Cobras-Capelo, Pitons, Cobras-cuspideiras, Sucuris, Cobras-de-escada, Jararacas e Cascavéis. E todo o animal de forma cilíndrica e rastejante que sibilasse, mesmo que não tivesse uma designação definida.

Para além de domar e de dominar as outras cobras, a Anaconda também as comia. O que era particularmente nojento e repudiado veementemente pela autora desta história. Opinião obviamente não partilhada pela heroína da dita. Se é que existe algo de heroico em devorar seres rasteiros e mais fracos.

Cada vez que uma cobra não se enroscava a preceito ou víbora que não sibilasse afinado eram devoradas, sem piedade, pela Anaconda. Ali mesmo. À frente dos restantes répteis. Fossem elas

Víboras-de-chifres, Muçuranas, Mata-cavalo, Cobra-do-deserto, Papa-pinto, Mamba-negra ou Surucucu. Repugnante, reputavam as cobras, que se contorciam de medo, atemorizadas pelo destino previsível e aterrador.

Sempre que comia um destes répteis, a Anaconda crescia um pouco mais, e ia progressivamente aumentando de tamanho à medida que devorava as suas semelhantes.

O fato de terem o sangue frio não lhe fazia a menor diferença, porque era com o maior sangue-frio que deglutia as víboras ainda vivas. Tornando-se a cada ato devorador mais gigantesca e assustadora.

Não fora o desenrolar desta história demasiado penoso e o seu final presumivelmente trágico, a autora continuaria a narração com o maior prazer. Só que, entretanto, a Anaconda já tinha engolido a última das suas domadas, uma Falsa-Coral (precedida de uma Coral-Verdadeira), e estava ali mesmo à frente, demasiado perto, a sibilar de um modo furioso e impaciente.

Foi nessa altura que a Serpente se arrependeu visceralmente de se armar em intelectual e de ter a mania de contar histórias…

# um Beijo dE Mão BEIjadA

*"Madre Mia"*

# O BICHO PEGADIÇO

O bicho pegadiço era uma lapa. Colava-se à lapela dos que o ladeavam, e lamentava-se apesar disso.

O bicho pegadiço começou a dar nas vistas pelo seu feitio egoísta e profundamente intratável.

O bicho pegadiço era irritadiço. Apegava-se quanto baste e enfurecia-se como se fosse.

O bicho pegadiço era o impertinente por excelência. Atormentava tudo e todos. Já não se podia nem vê-lo!

Até porque o bicho pegadiço esguichava urina para os olhos de quem o olhava...

# FERNaNdO AguIAr

"A Súplica"

# (IN)DISPOSIÇÃO

Irritava-se com facilidade. Qualquer coisa o contrariava: o que lhe diziam, o que via, aquilo que ouvia ou julgava ouvir, o que cheirasse a cheiros, quase tudo o que se fazia.

Certas atitudes irritavam-no enormemente, apesar do seu semblante normalmente dolente e tranquilo. Dir-se-ia, mesmo, ruminante.

Inclusive o tempo, quando não estava bom. Isto é, quando chovia, quando havia vento, quando gelava o frio, ou o ar enevoava, a sua (in)disposição ficava logo alterada. Para pior. Do piorio.

Muitas vezes a má azia aparecia sem saber porquê. Algum pensamento, certa lembrança ainda que fortuita, sensação que não lhe agradasse, e pronto. Ficava irritado, macambúzio, abespinhado, sorumbático, taciturno, exacerbado, carrancudo, acabrunhado.

Era uma má disposição e uma irritabilidade que já vinha de longe, praticamente desde que se conhecia, apesar de, em certas circunstâncias, tudo se tornasse mais acentuado.

O que era um desagradável problema para os que o rodeavam e tinham que lidar com ele. Não raras vezes, quando perdiam a paciência, comentavam entre dentes ou, mais afoitos, a toda a voz, por trás ou diante das suas bossas acastanhadas: mas que grande camelo!!!

# fERNanDO AgulAr

*"O Peso da Poesia"*

## UM RUGIDO RAIADO DE RAIVA

O sol raiava, e despontava o dia. Rara era a rola que não gostava de ver o raiar do dia e o despontar do sol.

Nesse rito, as raias eram como as rolas. Apenas se ondeavam mais no espraiar das barbatanas pelas marés.

Só o relincho do cavalo ecoava pelos prados, assustando os rouxinóis.

Raio de rugido!

# fERNaNDO AgUIAR

"No Abismo da Poética"

# RAIO DE COISAS

Na estação todos apressados, sapateando o cais com o atropelo dos passos a ecoar nos ouvidos.

A subida mecânica pelos degraus de metal das composições. Pintalgadas por abstratos arabescos reproduzindo a insatisfação dos dias que correm, de um futuro insólito porque incerto, e que nunca mais começa.

O sentar com força, abandonando o corpo. Para que ele caia pesado e irreversível. Presença sintomática de um automatismo que se revela todos os dias.

(Des)espera-se pelo apito. Pela ordem que não parte.

Por partir, nervoso, o comboio.

O raio que o parta!

# fERNaNDo AgUIAr

"O Fazedor de Poemas"

## VISÕES DUM RAIO

Achava insuportável ser visto por dentro, à transparência, como se fosse um desmesurado diapositivo, sem caixilho.

Sentia-se invadido, trespassado, violado no mais íntimo do seu interior.

Expor as entranhas a estranhos era coisa que lhe desagradava profundamente.

Considerava essa situação como uma invasão à sua privacidade interna e sentia-se xingado, xerocado, axincalhado, xatiado.

Raio de X!

# fERNanDO AguIAr

*"(Re)Descobertas"*

# AÇÃO & FULMINANTES

Era sempre o primeiro a disparar. Dizia-se mais rápido que a própria sombra. Do outro. O das histórias aos quadradinhos. Ou aos quadrinhos, se o leitor for brasileiro. Igualdade acima de tudo!

Só que este era de carne e osso. De carne e de muitos ossos. E com fibra.

Não sabia viver na pasmaceira. Gostava era de movimento, de ação, de confusão, de violência e da confrontação. A todo o tempo.

Não era como o outro, sempre enquadrado por quatro linhas retas, com um balão a proteger-lhe o flanco.

Este vivia para provocar, para agredir e violentar. Fulminava quanto se mexesse e destruía tudo. Num.

Raio de ação!

# fERNanDO AguIAR

"Ode à Crítica II"

## TRAÇOS DE LUZ

Desde que surgia, começava a aquecer e depois queimava. Tudo e todos.

Objetos perdiam a cor pela ação dos seus raios. Outros ganhavam cor, quando se lhe expunham.

Se é verdade que não se podia viver sem ele, com ele sempre presente era insuportável viver.

Alturas havia em que era sufocante, abrasador. Tão longe que estava e tão certeiro que atuava.

Descrevia traços de luz. Prolongava o movimento do calor. Emanava.

Raio(s) de sol!

fERNaNDO AguIAR

"Homenagem da Poética à Electricidade"

## CÉU RAIADO

Depois de zigue zaguear no céu, o raio estatelou-se na terra, sortindo os seus efeitos.

Brilhante e luminoso, como se esperava.

Estilhaçado e poderoso, como se imaginava.

Trovejante e ruidoso como se pensava.

Impressionante e temeroso, como se contava.

Mas que raio!

*"Tormenta Literária"*

## SONHO DE UMA NOITE QUE VERÃO

Estava calor, apesar de nos últimos anos ter chovido muito mais nos meses em que supostamente não deveria chover.

O aspecto temporal serve para situar este início num contexto mais adequado. Para o climatizar, se assim se pode dizer.

Em frente ao tempo, ou mais exatamente dentro dele, aquilo que se pode reter é uma estátua de mármore ao fundo, um homem que lê sentado no tronco cortado de um carvalho, um antigo chafariz que já não deita água, e alguns pássaros que volteiam junto, a debicar resíduos de umidade que se transformaram em musgo.

Pelo efeito do calor, na folha, as palavras rodopiam. São as letras do mundo no universo do tempo. Verbos e substantivos, advérbios e adjetivos atropelam-se no apertado, ordeiro e sempre limitado livro numa tentativa de sair do sufoco que representa o calor estampado no rosto de uma página.

Desintegrar as frases, ultrapassar os limites do que os contos contam, imaginar para além da virtualidade das imagens, enfim, interligar tudo o que se poderá pensar, tudo o que se poderá sentir, aquilo que se pode ser. Num sonho próximo que virá. Numa noite infinda que verão.

# fERNaNDO AgUIAr

"No Mundo dos Son(h)os"

um Beijo de Mão Beijada

## SABERES DE SÁBIO

O sábio sabia tudo. Pelos seus olhos cansados tinham passado inúmeras conjunturas, todos os lugares e todo o tipo de pessoas que podem passar pelos olhos de um sábio velho e sabido. A sua cabeça, quase secular, já tinha palmilhado todos os pensamentos, remexido em todas as reflexões, com inflexões diversas, e decifrado todos os versos e prosas que era possível discernir.

Pouca coisa o espantava. Praticamente nada. Mesmo nada, pensava ele para consigo. Foi por essa razão que se admirou com a sua própria estupefação.

Dos imensos livros que lera sempre conhecera as letras do mesmo tipo gótico, invariavelmente escuras e com a mesma estrutura e tamanho. Ordenadas como um exército romano, e com a expressividade de quem tinha levado todo o tempo do universo a desenhar caracteres que se interligavam de uma forma esperada e sequencial.

A usual variante era a letra inicial de cada capítulo, maior que as restantes, e que apresentava uma aura iluminada pelas iluminuras multicores que a acompanhavam. Ainda assim era outra coisa.

O que os olhos do sábio nunca tinham visto era letras de tamanhos e de tipos diferentes que ele nem imaginava existirem, com diversas cores e vários tons de cada cor. Todas as letras, não apenas as iniciais, as que supostamente comandam o texto. Se fosse hoje, teria pensado que a democracia tinha chegado à literatura, mas para o emérito, era impensável ter um pensamento desses.

O que mais o espantou foi ver as letras a saltarem alegremente das páginas do bolorento livro e estatelarem-se no chão, com bizarros e divertidos movimentos. Sentiu-se incomodado, revoltado com aquilo que considerou ser uma falta de respeito para com ele, leitor, e para com o próprio livro.

Afinal nem tinha chegado a ler qualquer palavra, porque assim que o livro se abriu, as letras começaram logo a movimentar-se nas páginas e a saltarilharem.

A questão residia em saber como é que essas letras tão cheias de cor e de vida tinham ido parar dentro do idoso livro, para depois transbordarem para fora como conceitos em ebulição. E o que teriam descrito enquanto divagavam pelas páginas do papel rugoso e amarelado. Supondo que realmente tinham expressado alguma ideia, ou curta frase, que fosse.

O escriba, uma espécie de aio, segredava-lhe que a culpa era das tecnologias, que punham a mexer tudo o que não deveria ser mexível e tornavam efêmeros textos que se escreveram para serem imutáveis.

O sábio nem queria saber de tal coisa, que desconhecia mas não gostava. Logo ele, que era avesso a inovações. Apesar de sábio. Ou por causa disso.

Estava de acordo que, como letras, eram esteticamente mais bonitas e expressivas do que as outras, copiadas a mão, mas

# um Beijo de Mão Beijada

não aceitava que fossem tão desordenadas e fulgurantes que não conseguiam escrever nada que se lesse, ou que alterassem constantemente o sentido das frases por estarem sempre a trocar de lugar.

Afinal as letras existiam para formarem vocábulos e, com eles, comunicar e transmitir ideias e opiniões. O que não acontecia com estas, concebidas pela tal tecnologia, que já estavam a subverter antes de terem pronunciado aquilo que pretendiam.

E tecnologia era, em si mesma, uma palavra estranha, um pouco abstrata. A mais parecida que o sábio se lembrava era teologia, mas cujo significado não seria, decerto, o mesmo. Nem considerava correto alguém colocar **cn** no meio de uma palavra respeitável e ancestral. Ainda que a tecnologia fosse a teologia dos tempos modernos.

Foi no meio destes pensamentos que ouviu algo que nunca pensara ouvir. O pesado, poeirento e esfolado livro, abriu a boca da página de rosto e murmurou com uma voz pré-Gutenberguiana ao sabido sábio para este não se irritar com as letras que saltavam de linha e se remexiam daquela forma enervante.

– É uma escrita geradora – disse – e como escrita jovem e irreverente preocupa-se com os gostos, daí as roupagens formais e as cores para sobressair. Estes novos textos apenas se interessam em viver a semiótica literalmente o mais depressa possível. Por essa razão saltam, parece que dançam e quase se transformam sem, muitas vezes, se conseguir ler o que suposta ou surpreendentemente escreveram. O conteúdo não lhes diz grande coisa. Preocupam-se mais com a forma, com a estética do modo como se dizem.

– Ah! – Respondeu o sábio com todo o peso da ignorância. Qualquer dia ainda começam a escrever com imagens – resmungou – sem acreditar muito naquilo que dizia...

um Beijo dE Mão BEIjadA

*"Ex-Poéticas (Ou da Velha à Nova Poesia)"*

## O PEDESTAL

Aquele era o lugar das letras. Não das palavras. Apenas das letras porque, por mais que se juntassem, nunca faziam sentido. Não diziam coisa com coisa.

Não havia contexto no qual se entendessem. Era impossível darem continuidade umas às outras de modo a resultarem em algo legível.

Por vezes alinhavam-se umas ao lado das outras. Outras vezes punham-se umas atrás das outras. Mas nunca resultava. Não havia uma sequência inteligível em nenhuma destas atitudes. O resultado era no mínimo abstrato, para não dizer absurdo. Por mais que quisessem o que, por acaso, nem era o caso.

Pelo que se habituaram desde muito cedo a contarem apenas consigo próprias e a dizerem-se só a si mesmas. A vantagem é que não dependiam umas das outras para se afirmarem.

O pensamento de cada uma era bastante reduzido. Resumia-se aos vários tipos da mesma letra, com diferentes intensidades.

Isto é, cada letra pensava unicamente em termos de si própria, apesar das versões maiúscula e minúscula, em função do estado de espírito.

A certa altura da leitura do seu percurso, a única motivação que lhes restava era o de sobressaírem em relação às outras. O que se tornava difícil.

Embora umas mais direitas e outras mais redondas, umas com mais pernas e outras com mais curvas, no fundo todas se assemelhavam e tinham o mesmo valor. Apesar de algumas serem mais ambiciosas do que as outras, e outras mais discretas que as restantes.

Aos poucos, o objetivo daquelas letras, que acabou por se tornar numa obsessão, era o de subir ao pedestal que existia no centro daquele lugar. Verdadeiramente privilegiado, diga-se.

Como era impossível subirem sozinhas para um local tão alto e íngreme, as letras tudo faziam para o conseguirem. E só o alcançavam com a ajuda de outras letras.

Assim, cada letra tratava de bajular, lisonjear, louvar e apaparicar todas as letras que a pudessem ajudar a subir ao pedestal.

E porque este era realmente muito alto e inacessível, tornava-se imprescindível a ajuda de umas quantas letras para que outras conseguissem subir.

Pela dificuldade de todas quererem chegar o mais alto possível, aos poucos, algumas iam ficando para trás. Mais exatamente, por baixo. Enquanto as outras subiam à custa destas.

E com tanta bajulação para a direita e elogios para a esquerda, com empurrões de baixo, incluindo espezinhamentos, o certo é que algumas letras conseguiram chegar ao topo do pedestal.

O que não sabiam era que ao chegar ao cimo, tornavam-se estáticas, distantes, frias, ainda mais metidas consigo mesmas,

# um Beijo de Mão Beijada

e acabavam por petrificar. Como verdadeiras estátuas.

Enquanto as outras, cá em baixo, embora com inveja e muita frustração, continuavam vivas e ambiciosas, desejosas de se tornarem nas próximas letras de pedra daquele lugar.

# fERNaNDO AGuIAr

"Homenagem à Poesia"

# SER OU NÃO SER

Já o tinha sido. Portanto é como se fosse. O fato de não o ser agora, neste preciso momento, não queria dizer rigorosamente nada. Já o fora, e essa era uma questão inquestionável. E contra situações inquestionáveis não há suposições possíveis.

Quando se é, é-se e pronto. Quando se foi, foi-se e já está. E nesta circunstância, foi-no efetivamente. A realidade estava ali. À vista de todos. À frente de quem estivesse por trás. Para quem quisesse ver. Sem dúvidas ou razões dúbias. Sem subterfúgios.

Não havia razão para desconfianças nem para pôr em causa o que quer que fosse. A situação era demasiado simples para se tornar complicada. Era demais desse modo para resultar noutra coisa. E de complicações estava farto. Tanto mais que não havia justificação para tal.

Os fatos são assim mesmo e há que aceitá-los como são. Se são, são. Se não são, não são. Ou é como se fossem. Ou como poderiam ter sido. O que era exatamente o seu caso.

# fERNanDO AgUIAr

"Literarium"

## O PENSAMENTO DAS PALAVRAS

Quando se punha a pensar, era como se as palavras não lhe pertencessem. À medida que refletia iam-lhe saindo pelo cérebro e ficavam no ar, estáticas, sem qualquer sentido estético.

Meditar tornara-se num melancólico sofrimento. Assim que as palavras lhe saíam e se punham à sua frente, sentia-se vazia, oca, sem vontade própria. Todos os interesses, desejos, aspirações e sonhos, ficavam-se por ali, presos à sua frente. Pelo que pensar, nem pensar!

Se falasse acontecia-lhe o mesmo. Chegava a ver as frases ou, quando articulava mais devagar, as letras, libertarem-se uma a uma, sobretudo quando soletrava algum conceito mais complicado. Saíam-lhe penosamente da língua e desvaneciam-se no ar, depois de pairarem apáticas por alguns momentos.

Já nem se atrevia a olhar, com medo que as ideias lhe saíssem pelos olhos.

Curiosamente, quando escutava, não conseguia deslindar o que se passava. Nenhuma sílaba lhe entrava legivelmente pelos ouvidos.

E não valia a pena tentar cheirar algum naco de prosa, pois era certo que não haveria nenhum odor literário que a penetrasse.

De maneira que à medida que o tempo passava sentia-se cada vez mais isolada, evitando principalmente refletir para, pelo menos, não ficar completamente vazia de qualquer espécie de signo semântico.

Para se compensar da angústia, considerava que a questão não era assim tão grave. Afinal o acumular de palavras, de frases e de ideias, nunca lhe tinha servido para nada. E também já se habituara ao progressivo esvaziamento de si própria.

O único temor que mantinha era que o seu corpo se transformasse num texto e fosse, aos poucos, desaparecendo, caindo-lhe pedaços, como que atacada por uma lepra verbal ou um cancro silábico.

Uma vez, apavorada, reparou no dedo indicador a elevar-se sozinho, separar-se da mão e planar inerte, no ar, em frente do seu nariz.

Desesperou. E antes que acontecesse o mesmo ao resto do corpo e até, quem sabe, ao seu cérebro, deixou naquele preciso momento de se mover, de falar, de cheirar, de ouvir, de ver, de pensar e de respirar.

Deixou de existir e quedou-se como uma estátua consonântica.

um Beijo dE Mão BEIjadA

"Imaginando a Poética"

## UM AZAR NUNCA VEM SÓ

O corpo semidespido flutua por cima de um lanço de escadas. De pedra. Mármore esverdeado e frio. Sem corrimão.

Um corpo que flutua, mesmo semi-desnudo, na realidade não precisa de cor-rimão. Se bem que esta constatação nem sempre seja uma verdade assumida. Porque um lanço de escadas nunca se descerá ao acaso. Nem um laço de escamas descobrirá o ocaso. Nem um caso ocasionará o senti-mento de um qualquer lance de dados. Nem a lenço dado se olha o dedo. Que assaz o assoa. Razão dedutível. Por irredutível.

Mallarmé não tem a ver com esta matéria. Não descortinaria o que se escon-de no interior de um conceito por pene-trar. Num ditado, ditado por uma qualquer eventualidade. Materialidade que se define como contingência.

Nem Duchamp, que (se a)percebia de escadas. Da escadaria por onde desciam os seus nus. Ou escalavam, ao contrário do que se poderia observar. Ou calavam, numa sequência repetível imobilizada pela pena do pintor. Num lento retrocesso em direção a um qualquer *Ready-made* por presumir.

Esta é sobretudo uma questão pas-sional. Não passiva. Nem passível de ser outra coisa que não apenas a seguinte: dois olhos suspensos observam a estética dança do corpo feminino semivestido que flutua.

Tudo se passa acima da linha de terra, ao nível da linha do horizonte. Ou mais alto, ain-da, talvez. Por alturas da linha do imaginário.

O ar em que o corpo semirrígido flutua permanece uma incógnita, nem que mar se adivinha ao fundo. Os olhos estão permanentemente focados no corpo semitransparente que jaz inerte no ar. Com uma espécie de indecisão que transtorna quem o vê.

Talvez por isso o olhar dos olhos em suspensão também não se mova. Altera-se apenas, por inércia, em função do imperceptível movimento do corpo semi-inconsciente. Que estático flutua.

O fato das escadas não terem corrimão não é, realmente, um fator importante. A vaga dança do lanço de escadas, isto é, o ambíguo movimento dos degraus deduz-se, tão somente.

Por fim, os olhos regressam ao corpo semi-hirto e este começa, lentamente, a mover-se. A colocar-se numa posição vertical. Com os dedos dos pés a fazerem tenção de se aconchegarem no chão. Frio, de pedra. De mármore esverdeado.

Pode dizer-se que um azar nunca vem só!

um BeIjo dE MãO BEIjadA

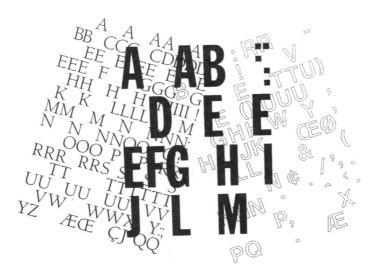

"O Triunfo da Poética"

# O DIZER DAS CONSOANTES

Os rinocerontes são assim mesmo. Arrasam tudo por onde passam. Felizmente têm o hábito de caminharem sozinhos. Mas desta vez juntaram-se três. Rinocerontes adultos e carrancudos. E possantes.

A estepe na qual os rinocerontes viviam era constituída por pequenas letras de uma matéria praticamente desconhecida, com uma textura de raízes, um cheiro de canaviais dos pântanos e a leveza das penas das aves.

Poder-se-ia pensar que era uma estranha estepe para um cenário com rinocerontes. E talvez fosse.

Nos dias de calor, os referidos levantavam uma interminável nuvem alfabética que ao longe se assemelhava a um texto vagamente experimental. Quase que um suspenso *environment* poético-visual. Mas era apenas escrita.

Se não fosse o cheiro, aceitar-se-ia como um possível romance virtual, a três dimensões. Só que este era bastante real, e as nuvens formadas pelas pequenas letras ficavam a pairar no horizonte durante bastante tempo, devido à sua leveza.

Depois começavam por cair as consoantes e, a seguir, mais lentamente, as vogais, que acabavam por formar uma atmosfera curiosa de ditongos de tons avermelhados pelo reflexo do sol, que pouca gente compreendia e praticamente ninguém gostava. Porque naquele lugar os ditongos, sobretudo os vermelhos, não eram particularmente apreciados.

Desconhece-se o modo como esta estepe de letras se formou. Não era divisada nas redondezas nenhuma árvore da qual florescessem letras, e também nunca foram encontrados ovos literários, de onde os vocábulos, ainda que ilegíveis, pudessem ter nascido. Além do mais, se existissem, que animal poderia ter posto semelhantes ovos?

Assim, o mistério da estepe de letras adensava-se.

A única coisa que se desvendou sobre o passado das vogais e das consoantes que formavam a estepe, foi precisamente descoberta pelos rinocerontes.

Um dia, após uma passagem tempestuosa, vislumbraram cravadas no chão, algumas consoantes muito antigas, de tipos clássicos, petrificadas pelos anos, que pela sua consistência já não conseguiam planar. Mesmo com a correria de três rinocerontes em simultâneo. Foi o que lhes chamou a atenção.

Eram óbvias antepassadas destas letras de novos tipos, com corpos intermédios e *designs* inovadores. As consoantes, endurecidas pelo tempo, tinham-se mantido inalteradas, apesar de espezinhadas, esquecidas e quebradas de uma forma irrecuperável.

Já é sina das letras – comentavam os animais entre si – serem maltratadas, seviciadas e desprezadas, como estas inconsoláveis consoantes.

Era o destino daquela estepe.

"A Poesia Morreu. Viva a Poesia! III"

## OUTONO BIZARRO

O Outono tinha chegado e as folhas da árvore caíam, como era habitual. Apesar da estranha forma e da cor, diferentes daquelas que se atribui a uma folha criada pela natureza.

A árvore de onde estas folhas provinham também não era absolutamente comum. Tinha a forma de um enorme tronco, mas revestido por algo que se assemelhava a escamas. E de diferentes cores. Isto é, de tons e de texturas diferentes umas das outras.

E com uma enorme e permanente nuvem por cima. Lembrava um cogumelo gasoso e esverdeado com um tronco coberto de escamas, donde caíam estranhas folhas.

Devido à impenetrabilidade da nuvem, era praticamente impossível perceber que tipo de folhas caía dessa espécie de árvore. Ou de uma árvore daquela espécie.

Tanto mais que quando chegavam ao chão as folhas já estavam murchas e encarquilhadas, como se tivessem levado vários dias a cair.

Exalavam um cheiro acre. Quer as folhas como o tronco. Era um cheiro difícil de definir porque não se assemelhava a nenhum que se conhecesse.

Por outro lado, isto é, por cima, a nuvem era outra incógnita. Uma incógnita que se supunha leve e gasosa, mas esverdeada.

Só quem passa por dentro delas é que sabe o segredo que as nuvens encerram.

Uma espécie de lágrimas que se contêm num mesmo olho, para se expandirem depois nos céus.

Embora não fosse este o caso.

De uma nuvem assim só se poderia esperar uma árvore estranha com folhas bizarras, e com um cheiro dificílimo de definir.

Esta árvore, para além de ter nascido num local isolado onde nunca choveu, também não tinha raízes. O que, em boa verdade, não fazia diferença, visto nunca haver precipitação.

Conseguia a umidade de que necessitava, da nuvem que a cobria. E provavelmente a irregular forma das folhas tinha essa precisa função: a de extrair a energia da nuvem, que mais parecia um cogumelo atômico sem a força necessária para explodir.

Fica por explicar a razão das escamas. Nos poucos momentos em que o sol penetrava através da nuvem, reluziam fortemente como se fossem de metal e emitiam um fino e longo ruído, como um silvo.

um Beijo dE Mão BEIjadA

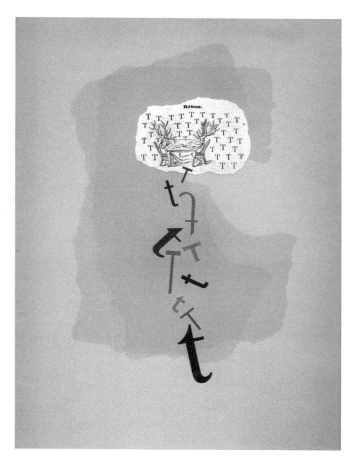

"*Rébus (Poème Trouvé)*"

# O DESTINO E OS DESÍGNIOS

Sempre se ouviu falar, mas não se sabe ao certo o que são os desígnios do destino. Apenas se sabe que a eles ninguém escapa. É fatal como uma constipação em dias de inverno. Toda a nossa vida é pautada por eles, e estamos todos, irremediavelmente, nas mãos do destino e dos seus desígnios.

É algo que nasce conosco ou que se aloja dentro de nós quando nascemos e do qual não podemos fugir. Por muito que se queira. Por mais que se faça. Estamos marcados pelo destino e é pelos seus desígnios que vivemos a nossa vida.

Mas se ainda podemos entender o que são os desígnios do destino, ninguém sabe exatamente qual o destino dos desígnios. Para onde vão e, por consequência, para onde nos arrastam. Não se sabe o que o destino reserva aos seus desígnios e para nós próprios. Embora possa não parecer, essa é uma questão fundamental.

De boas intenções está o mundo cheio, diz-se. Que dizer então dos desígnios e do que o destino lhes reserva?

*"Nova Geração Poética"*

# A VINGANÇA SERVE-SE FRIA

EM PROTESTO
PELA FORMA DISCRIMINATÓRIA
COM QUE
DURANTE MUITO TEMPO
FOI INCENDIADA,
A FOGUEIRA
IMOLOU-SE
PELO FOGO.

# fERNaNdO AguIAr

*"A Adoração do Signo"*

## PONTO(S) DE VISTA

Não gostou nada de ver aqueles pontos no final da folha. Sabia que estavam ali porque o autor considerou que seria assim que deveria terminar o seu texto. Mas três pequenos pontos, uns atrás dos outros (ou uns à frente dos outros, conforme a leitura que se queira fazer) muito certinhos, não lhe estava a agradar...

Pegou num dos pontos e sobrepô--lo a um dos outros. Depois pegou no ponto que sobrou e colocou-o à mesma distância relativa a que se encontrava anteriormente, mas desta vez por cima, em vez de ser à frente (ou atrás, consoante a leitura que se efetue).

O resultado – dois pontos – também não lhe agradou por aí além. A frase ficava quase com o mesmo significado: deixava na boca a sensação de que faltava alguma coisa, ou que alguma coisa não estava a bater certa, ou ainda que alguma coisa deveria ser escrita a seguir.

Colocou então esse último ponto que tinha posto mais acima por cima dos outros dois, que estavam já um sobre o outro. Agora tinha três pontos sobrepostos. Exatamente uns por cima dos outros. Finalmente o texto fazia todo o sentido.

"Ex-Poéticas II (Ou da Velha à Nova Poesia)"

# O NASCER DO DIA

Podia ser uma soalheira tarde de Junho ou uma estrelada noite de verão, mas era apenas uma fria e pouco ventosa manhã de sexta-feira.

O ensonado passear com o cão tornara-se num aborrecido hábito matinal do qual não era possível fugir.

Pelo parque, através das ervas e de algumas plantas, no meio dos automóveis com os vidros embaciados pela neblina da madrugada, o canídeo ia levantando as patas, ora uma, ora outra, conforme o jeito, e os esguichos fumegantes, iam saindo.

Pendurado no encaixe para um reboque de um jipe, um saco de plástico com publicidade a um hipermercado balouçava consoante a direção do vento. Para quem reparasse no insólito e desinteressante pormenor.

Um olhar rápido e mais observador permitia ver que dentro não havia nada, o que era confirmado pela configuração exterior do mesmo. E foi nesse instante que o saco deixou de estar vazio.

Após um rápido cheirar de reconhecimento, o passeado alçou da pata traseira e lançou a derradeira mijadela para dentro do saco. Em cheio. Com uma invejável pontaria para aquela hora da manhã.

Agora é que o dia ia começar...

# fERNaNDO AgUIAR

"Saudação Poética"

## PREGAR AOS PEIXES

Por muito que caminhasse, à sua volta só existiam peixes. Muitos peixes, mesmo. De todas as variedades e tamanhos. Curiosamente, não cheiravam demasiado a peixe. Mas eram-no, não havia dúvida.

Não seriam exatamente como os outros que se conhecem dentro das águas dos rios, dos lagos ou dos mares. Eram peixes, só que viviam fora de água.

Tinham barbatanas, escamas, guelras (talvez diferentes na sua estrutura e função), e um rabo que se retorcia constantemente, como canídeos no mais alegre dos seus dias.

Seria tudo aparentemente normal se se compreendesse como é que os peixes respiravam fora de água. E conseguiam andar, retorcendo-se. Mas há coisas realmente estranhas nesta vida.

E também falavam. Falavam muito. Numa língua própria, que ninguém entendia, mas não se calavam um só segundo. É possível que os peixes estejam sempre a falar quando estão na profundeza dos rios ou à beira dos lagos. Só que a densidade da água não nos deixa ouvi-los.

Poder-se-ia dizer que estes peixes falavam como toda a gente. Mas não é verdade: falavam um pouco mais. Ou excessivamente mais, conforme as opiniões e as sensibilidades.

Tagarelavam tanto que pareciam verdadeiras peixeiras a vender o seu peixe. Como se quisessem vender-se a si próprios. Foi nesta altura que o padre começou a não gostar da narrativa. Quem caminhava na primeira linha desta história era ele, e até agora só se tinha falado de peixes!

Para o padre, a história já tresandava.

Os peixes continuavam a papaguear obstinadamente e não paravam de se retorcer, coisa que o clérigo considerava aberrante e também o aborrecia.

Foi sobretudo por essa razão que o eclesiástico desistiu de pregar. Não valia a pena vender o seu peixe a vertebrados com escamas que não queriam comprar o seu sermão. E que falavam muito mais do que ele. Para além do cheiro, que começava a exalar.

Dirigiu-se para a igreja com o cardume a contorcer-se e a tagarelar à sua volta. Naquele dia quente e ensolarado, sentia-se no ar o cheiro a brasas incandescentes, que saía dos claustros.

À porta da igreja, o sacristão com um ar sorridente e bem-disposto, dizia:

– Entrai, filhos de Deus, entrai! Bem-vindos à casa do Senhor, nesta Sexta-feira Santa!

um Beijo de Mão Beijada

"A Poesia Morreu. Viva a Poesia ! Antipoema para o séc. XXI
em homenagem a Eugenio Miccini"

um Beijo de Mão Beijada

## EXPRESSÕES & LIBERDADES

Quase todos ladravam à sua passagem. Incluindo os cães. Os restantes limitavam-se a resmungar. Ou, em linguagem canina, a rosnar.

Como costume era um pouco rudimentar, mas o que é que havia de se fazer?

Não se compreendia a razão de todo esse alarido, mas era assim mesmo. Todos eram livres de resmungar e de ladrar. E de rosnar, claro. Tal ditava a democracia.

Muita gente tinha essa capacidade, a de rosnar e a de ladrar. Mas não se conhecia nenhum cão que resmungasse. Questão de formas de expressão.

Foi precisamente por esse motivo, em nome de liberdade de expressão, que não se importou que alardeassem à sua passagem.

Nem acelerou, sequer, o seu caminhar felino.

# fERNanDO AguIAR

"Negação Poética"

## ALTOS VOOS

Julgava que podia voar. Estava realmente convencida que conseguia voar. Desde pequena que vários pormenores o indiciavam.

Tinha asas, penugem ao longo do corpo, um bico bem torneado, cabeça pequena com os respetivos olhos, duas patas com uma espécie de garras e um pescoço fino e alto.

Quando era pequena, o pai atirava-a ao ar e ela esbracejava. Atabalhoadamente, é certo, mas com uma técnica que profetizava já futuros voos. De resto, sempre ouvira dizer que "tudo é possível quando a alma não é pequenível". E a sua era enorme. Do tamanho dos céus!

Nunca se tinha atrevido. Por cuidado ou por medo, nunca se decidira a concretizar essa vocação. Mas, mais tarde ou mais cedo, teria que arriscar.

Um dia chegou a altura. Num dado momento sentiu uma enorme atração por aquele penhasco. Ali mesmo à frente, à sua espera. Lindo, calmo, grandioso, vazio, como que a pedir para ser preenchido por um ondulante e floreado voo.

Desta vez não hesitou. Abriu as asas, correu para a frente e lançou-se no abismo.

.

.

.

.

.

.

.

.

.

.

.

.

.

.

Só lá em baixo, com as pequenas asas rasgadas, as patas partidas e esfrangalhada pela dor, é que a ema percebeu porque é que nunca tinha visto os pais voarem...

# um Beijo dE Mão BEIjadA

*"Toque Poético"*

# A MINHOCA DA AVÓ

Aquilo que a avó mais gostava era de plantar. Plantava fosse o que fosse, desde que se pudesse pôr na terra. Tinha um inominável prazer em amanhar, semear, cultivar ou, simplesmente, enterrar.

E era possível plantar quase tudo naquela terra grossa e escura, áspera e de forte cheiro, que por ter poucas árvores deixava uma área considerável para os prazeres da avó. O que a deixava verdadeiramente feliz.

Quando lhe começaram a faltar as sementes de ervilha, de cebola, de rabanete, de cenoura e das três variedades de hortaliça da sua preferência, pôs-se a plantar outras coisas que tinha em casa. Era o vício!

Começou por uma velha chaleira, sem préstimo, se bem que não achasse apropriada a plantação de tal objeto. Mas pronto, já estava! E até tinha sido divertido. Além do mais, o que está enterrado, enterrado está, como já tinha ouvido dizer.

A seguir foi uma toalha de mão que estava ali ao pé. Velha como a avó, com alguns buracos do uso, e muito suja. Continuava a não achar muito acertado, mas desta vez não teve tanta pena.

Depois de enterrar os vários objetos que ia encontrando à medida que fazia o seu estranho cultivo, a avó acabou por sepultar o ancinho com que enterrara as outras coisas. Porque de repente reparou que já não tinha em casa mais nada para plantar. Ou para semear. Ou cultivar.

Foi a loiça da cozinha, os talheres, duas cadeiras desengonçadas, o espelho rachado, a gravura que tinha comprado na feira com uma moldura dourada, a imagem de Nossa Senhora oferecida pela sobrinha, algumas peças de roupa, o candeeiro a petróleo, o único baú que possuía – depois de devidamente esvaziado – e, finalmente, as chinelas roçadas que trazia nos pés.

Ficou praticamente sem nada em casa. Restava-lhe a mesa da cozinha, demasiado grande para ser enterrada inteira. Só que o serrote, tal como o martelo e a garlopa já tinham sido enterrados, isto é, semeados, e já não se lembrava do local. Além disso, a ideia de desenterrar algum objeto, por necessário que fosse, não lhe agradava absolutamente nada. Pela mesma razão, restava igualmente um armário grande, de madeira escura e carcomida. Nesse momento lembrou-se que sobre o armário existia uma caixa de folha com qualquer coisa lá dentro, mas não se recordava do que pudesse ser.

Sem o banco que costumava estar junto à lareira e que já tinha sido plantado, ia ser difícil para a avó chegar à caixa.

Num esforço extenuante, com o pé esquerdo dentro de um nicho de pedra que antes de ser enterrada abrigava a imagem de S. Bartolomeu, e com o outro pé na única prateleira do armário que não havia conseguido arrancar, chegou por fim à caixa, o último objeto transportável (e logo passível de meter na terra) destapando-a com a pressa da curiosidade.

A caixa era obviamente para plantar – além disso era de "folha" – mas se houvesse algo dentro, seria mais uma sementeira a fazer. Quando a destapou, viu que continha uma espécie de abecedário em metal. Mais precisamente letras isoladas, abertas na chapa, que ela não sabia para que tinham servido nem se lembrava de como é que foram ali parar.

Recordou-se vagamente do falecido lhe ter falado em tempos daquelas letras, mas como ambos eram quase analfabetos não fazia ideia para que é que tinham servido. E naquele momento também não era isso que importava.

# um Beijo de Mão Beijada

O abecedário estava bastante incompleto. Na verdade só tinha a letra A. Várias letras A. Umas minúsculas, outras maiúsculas, umas maiores, outras mais pequenas, mas todas definitivamente A.

Apesar de não conhecer bem as letras, lembrava-se desta forma. Decerto por ter sido das poucas (quem sabe se a única?) que aprendeu e a que lhe restou na memória.

"O que é que o falecido poderia ter escrito sempre com a mesma letra?", Pensava a avó com a casa dos seus botões (num acesso de fúria havia plantado também os botões da bata). "Será que se limitava apenas a colecionar aquelas formas por lhe recordarem a infância?". E pela primeira vez, talvez por o A ser o início de tudo, teve dúvidas.

Este raciocínio durou apenas alguns segundos. Depois foi-se a elas e começou a semeá-las, cravando-as bem na terra. O que lhe veio à cabeça é que não serviria de muito ter uma plantação de letras A. Mesmo que florescessem, o que faria com uma colheita dessas letras? Logo se lembrou que a plantação dos restantes objetos também não lhe serviria para nada, e esse pensamento reconfortou-a. Soterrou com as próprias mãos todas as letras metálicas da caixa. A seguir foi a caixa.

Tornou a pensar no que estava a fazer e achou inútil toda aquela azáfama de cultivo. Que nem era propriamente cultivo, era mais um enterro. Resultara num autêntico funeral o pôr debaixo da terra tantos objetos. Mas este rasgo de lucidez não foi um verdadeiro rasgão. Foi mais uma pequena fissura que depressa sarou.

Quanto aos A da questão, foi precisamente o ato de os semear que mais emocionou a avó. Não sabia explicar a razão, mas sentiu uma pontinha de emoção ao pegar naqueles pedaços de metal, escavar a terra escura com as unhas mal cortadas, e empurrá-los terra abaixo até desaparecerem.

Dúvidas semelhantes, só que maiores, teve a minhoca bexigosa, a mais corpulenta do quintal, cujas letras lhe despertaram mais a atenção do que qualquer outro dos objetos enterrados naquele – isto é – no seu espaço.

Assistira com uma enorme complacência à obsessão da avó em enterrar objetos. Coisas. Os legumes e as hortaliças agradavam-lhe. Eram gostosos. Agora empurrar pelo seu território adentro objetos pesados, disformes e dificilmente degradáveis, era assunto que a estava a incomodar. Sobretudo estes últimos, achatados, angulares e frios. Com alguma sorte, talvez da ferrugem crescessem uns bichinhos, como os que surgem na madeira em decomposição. Bichinhos da ferrugem, se é que existiam, perspetivavam uma variedade gastronômica bem apetecível, apesar de não acreditar muito na sua sorte.

De todas as maneiras lá estavam aquelas chapas abertas no centro, e teria que viver com elas. A própria abertura das letras no metal por onde às vezes a minhoca deslizava, conferia-lhes um certo ar ausente, e logo distante e distinto. Aos poucos, a minhoca começou a engraçar com aquelas letras que não existiam. Passou a vê-las com outros olhos.

Com a persistência que caracteriza as minhocas, todos os dias ia lendo pedaços de A para os compreender melhor tornando-se, com o tempo, numa verdadeira especialista nessa letra, principalmente das minúsculas, mais pequenas, arredondadas e femininas. Poder-se-ia inclusivamente concluir que um intelectual pode começar por ser uma simples minhoca. Esticado verme.

Quanto à avó, depois de ter soterrado todos os seus pertences e desesperada por não ter mais nada para sepultar, isto é,

# um Beijo de Mão Beijada

plantar, achou que a vida assim não tinha sentido e mergulhou na terra, enterrando-se a si própria, e transformando-se em pouco tempo numa rechonchuda toupeira.

Um dia, dando de caras com a minhoca, a avó-toupeira espantou-se com as semelhanças desta com o seu falecido marido, que ela ali mesmo enterrara uns tempos antes. Antes de lhe dar a febre da plantação total e definitiva.

Quando soube da paixão da minhoca pela letra A, não lhe restaram dúvidas. Afinal esse tinha sido sempre o segredo do seu marido: entender o que de mais oculto encerra um A!

Com um misto de saudade, curiosidade e, quem sabe, com algum desejo à mistura, a toupeira avançou resolutamente para a minhoca para saber enfim a razão de tal obstinação. Só que esta, ao ver aquele animal de boca aberta, monstruoso aos seus olhos de invertebrado, não pensou duas vezes e escapou-se pelos orifícios retorcidos que escavara.

Sem entender a atitude da minhoca, a toupeira não desistiu e avançou, esburacando a terra, de dentes à mostra e pronta para tudo.

Agora é que iam ser elas!

# fERNaNdO AguIAr

*"Intervention Poètique Trouvé"*

# O RITMO DE GUARAQUEÇABA

Em Guaraqueçaba nada acontece de repente. Os pensamentos saem pesarosos, as pessoas movem-se devagar, as raras carroças que por ali andam parece que não passam e as árvores, quando lhes dá o morno vento, abanam as folhas com preguiça.

As aves cantam sem ritmo. Até o mico-leão-de-cara-preta se move de um modo tão lento que quase não se dá por ele, no meio dos mangues.

Quando o papagaio-de-cara-roxa gritou estridente e insistentemente, todos ficaram boquiabertos.

Bocas que se abriram, no entanto, bem devagar...

# fERNaNDo AgUIAr

*"Tecnologias..."*

# O KANT(O) DE POUND

Todas as manhãs ao despontar o dia, o galo erguia-se, esticava o pescoço e cantava.

O seu canto ecoava pelo vale, valendo-se da potente voz, um pouco aguda e algo cacarejante.

Era uma referência na vida da comunidade e um fator imprescindível para tudo estar bem quando começava bem.

Além disso entoava um canto inconfundível na sua estrutura. Cantava quatro vezes e parava. Cantava outras quatro vezes e interrompia. Depois cantava apenas três vezes e, a seguir a um pequeno intervalo, entoava as últimas três.

Nunca se percebeu a secreta razão desse Kant(o) estrutural.

Houve quem dissesse que era um Canto poético, poundianamente falando. Outros diziam que parecia um canto a quatro vozes. Mas era apenas por quatro vezes.

Todos constatavam que não era um cântico imaginário. Quando muito, imaginativo: um canto em forma de soneto.

# FERNANDO AGUIAR

*"Sound Sonnet"*

## ODORES PRIMAVERIS

Agachado, como fazem os animais desde o princípio dos tempos, o cão defecava de um modo calmo e rotineiro.

As narinas pretas e úmidas tremelicavam para captarem os odores próprios e alheios. Aquela hora, sobretudo por ser Primavera, os cheiros abundavam e misturavam-se com as cores e com os ruídos chilreantes dos pássaros.

Bucólico contexto para o obrar canino. Que grosso, escuro e lento, caía na terra e amontoava-se como fazem as fezes quando fáceis, aterram.

Entre estas descobriam-se pequenas lombrigas que devido à sua cor esbranquiçada contrastavam claramente com o acastanhado dos excrementos. E também por se contorcerem, numa procura indefinida motivada pela alteração de estado.

Só que em vez de definharem e, muito provavelmente, secarem ou serem engolidas pela terra – não conheço ninguém que se mantivesse em observação o tempo suficiente para confirmar o destino de uma lombriga depois de evacuada – estas começaram exponencialmente a aumentar de volume.

Dir-se-ia que o contacto com o ar ou o sol as insuflou, as fez inchar como se enchem os balões nas feiras. E cresceram até ao ponto de se tornarem do tamanho de pequenas cobras que, num ápice, se escapuliram, cada uma na sua direção.

Das outras perdeu-se-lhes o rasto. Sumiram mesmo, como se definhassem novamente ou se subtraíssem por entre os nacos de terra escura, entremeada de ervas soltas. Aquela que restou, pelo menos a única que se avistava, ficou num estado de letargia que mais parecia uma hibernação. Só que não era. Não devia ser. Não é hábito os animais hibernarem na Primavera. Mesmo lombrigas que chegam a cobras.

Mirava quem a olhava com uns olhos mistos de desdém e de indiferença, e não se dignava sequer a desviar os olhos de quem persistisse.

Adivinhar o que se passaria por aquela cabeça ou qual o motivo do crescimento anormal e excessivo, era uma tarefa inglória.

Após alguns momentos que pareceram estacionários em termos de crescimento, o corpo da ex-lombriga que agora mais parecia uma enguia terrestre, recomeçou a aumentar de volume. Se não se sabia a razão daquele crescimento, muito menos se adivinhava onde iria parar.

De súbito, o corpo já disforme da enguia-lombriga estoirou. Primeiro a pele estriou-se, e a seguir, com um barulho seco e algum impacto, rasgou-se pelas costuras. Caso as tivesse.

Do seu interior saíram borboletas amareladas e esvoaçantes, que rapidamente se espalharam por todo o jardim, para alegria das crianças que se divertiam a persegui-las.

# um Beijo de Mão Beijada

Pachorrento, abanando a cauda a um ritmo cadenciado, o cão empinava o focinho e punha as narinas a funcionar, como radares orgânicos, reconhecendo o cheiro que as desmaiadas borboletas exalavam.

# fERNaNDO AgUIAr

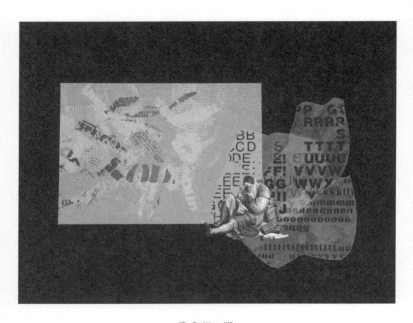

*"Ex-Poéticas III"*

# XIQUÉRRIMAS

A xique-xique é uma leguminosa que gostava de navegar por diferentes águas. Mas adjacentes às da tanga-tanga, da família das *cactáceas*. Acrescente-se que tanto as *cactáceas* como as leguminosas eram famílias bastante antigas e apreciadas por todos. Apesar de não muito consideradas.

Como todas as distintas famílias que se prezam, estes dois vegetais não tinham um relacionamento fácil ou amistoso. A xique-xique gostava de xingar a tanga-tanga, enquanto que esta adorava tanguear a xique-xique.

Viviam ambas numa mútua e permanente implicação, numa relação ódio-paixão apenas possível nestas espécies vegetais de vegetativas vivências. Quando a xique-xique lançava xistos à tanga-tanga, esta chateava-se, tratando-a depreciativamente por xixi. Ao que, por vingança, a snob da xixi ripostava, apelidando a outra de tátá.

Sempre que iam às festas da *society* do quintal, onde se encontravam vários nabos, cenouras e uma variedade enorme de hortaliças, tanto a xique-xique como a tanga-tanga queriam sobressair, dar nas vistas, e aparecer nas fotografias da imprensa de mexericos da lavra vegetal. De preferência com legendas a dizer: "tátá *cactácea* com lindas folhas púrpura" ou "o sorriso deslumbrante da xixi leguminosa, junto à berinjela resplandecente.

Em desespero de causa, nem que fosse: "a tátá e a xixi juntas, num doce e terno abraço", o que era, para ambas, um amargo de boca e uma mancha nas suas folhas verdejantes.

Tanto a xixi como a tátá, (também carinhosamente tratada por tótó, no seio familiar) andavam sempre xiquérrimas, pelo que as ricas passavam o dia em sofisticadas boutiques para a verdura, adquirindo todos os adereços que as compusessem, e gastando irresponsavelmente o espólio de cada uma das putativas famílias.

Quando estavam cansadas, depois das festas, noitadas ou peregrinações pelas lojas da moda, costumavam descansar no quintal das traseiras, de preferência distantes entre si.

Era nessa altura que o "Jolly", um velho rafeiro que em tempos tinha pertencido à aristocracia canina, alçava da pata e lhes urinava para cima. Uma a seguir à outra.

um Beijo dE Mão BEIjadA

"A Poesia Morreu! II"

## OLHOS NOS OLHOS

Olhou a barata nos olhos. Ficaram uns segundos admirados por se verem. Tinha aparecido de repente. Inesperadamente. Porque não era previsível aparecer uma barata na casa de banho de um hotel como aquele. Mas o inesperado já não é o que se espera e tinha vivido o suficiente para prever que o imprevisível lá vai acontecendo. E estava ali. Estavam ali, frente a frente. Com uma barata. Especados.

A barata ficou igualmente surpreendida. Não esperaria que se acendesse a luz e parou. Foi nessa altura que se olharam nos olhos, à espera de uma reação mútua.

Era bonita e grande. Cor de tijolo. Muito brilhante, com duas hastes compridas que mais pareciam dois bigodes reluzentes. Nunca tinha reparado que as baratas são um bicho bonito. De certo modo agradável, até, de se ver. Diz-se repulsivo mas esta, na verdade, não era.

Tinha que tomar uma atitude. A óbvia era atentar contra a sua vida. Matá-la. Ou pelo menos tentar. E foi isso que fez. Pegou no jornal já dobrado que estava no caixote do lixo, por baixo do lavatório, e bateu com força na direção da barata.

Pela falta de convicção com que o fez e pela pronta reação daquela, a barata escapuliu repentinamente e refugiou-se no outro canto da casa de banho. Nova tentativa e outra fugida rápida. A barata era veloz e astuta. Não queria nem merecia morrer. Lutava ferozmente pela vida. Cada tentativa para a esborrachar (e depois fazer o quê com "aquilo"?) era cada vez menos decidida, e mudou de estratégia. Abriu a porta do W.C. que fechara para dar menos possibilidades de fuga, e depois a porta do quarto que dava para o corredor.

A barata, num ápice, saiu para o quarto e de seguida seguiu, como que compreendendo a hipótese que lhe era oferecida. Uns metros depois, parou. Olharam-se pela última vez. Olhos nos olhos. E nunca mais se viram.

# um Beijo dE Mão BEIjadA

"Nos Olhos da Poesia"

231

um Beijo de Mão Beijada

# FERNANDO AGUIAR – Biografia

## (Lisboa, 1956)

Licenciado em Design de Comunicação e Doutorando em Arte Multimídia pela Faculdade de Belas-Artes da Universidade de Lisboa.

Publicou 16 livros e *chapbooks* de poesia, 2 livros de performance poética, 3 livros infantis, 4 antologias de poesia experimental portuguesa e 2 antologias de poesia visual internacional.

Foi incluído em 90 antologias de literatura contemporânea em Portugal, França, Itália, México, Canadá, Inglaterra, Jugoslávia, E.U.A., Alemanha, Suíça, Brasil, Espanha, Rússia, Hungria, Cuba, Áustria, Moçambique e no Japão. Colaborou em mais de 800 jornais e revistas de arte e literatura de 38 países. Trabalhos seus foram publicados nas capas de 44 dessas publicações, assim como em 13 capas de livros de outros autores e em 6 cartazes de exposições internacionais.

Realizou 45 exposições individuais em Portugal, Hungria, México, Polônia, Itália, Espanha, Emirados Árabes Unidos, Cuba e no Brasil, além de participar em inúmeras exposições coletivas de poesia visual, pintura, fotografia, e também em Festivais de vídeo, instalação e de performance-arte em três dezenas de países.

Desde 1983, apresentou mais de 200 intervenções e performances poéticas em Festivais, Museus e Galerias de Arte em

# fERNaNDO AgUIAR

Portugal, Espanha, França, Hungria, Itália, Canadá, Polónia, México, República Checa, Brasil, Japão, República Eslovaca, E.U.A., Alemanha, Holanda, Colômbia, Macau, Islândia, Hong Kong, Cuba, Turquia, Coreia do Sul e na China, nomeadamente no Centre Georges Pompidou (Paris), Centro de Arte Moderna da Fundação Calouste Gulbenkian (Lisboa), Casa de Serralves (Porto), Tokyo Metropolitan Art Space (Tóquio), Villa delle Rose/Galleria D'Arte Moderna (Bolonha), Mexic-Arte Museum (Austin, Texas), Minami W. Community Cultural Center (Hiroshima), Musée D'Art Contemporain (Marselha), Centro Cultural Santa Teresa (Cidade do México), Metrónom (Barcelona), Cultural Centre of Almássy Tér (Budapeste), Museo Vostell Malpartida (Malpartida de Cáceres), Círculo de Bellas Artes (Madrid), Museu Nacional do Traje (Lisboa), Ivam – Institut Valencià d'Art Modern (Valencia), Beijing Tokyo Art Projects (Pequim), Hong Kong Arts Centre (Hong Kong), Reykjavík Art Museum (Reykjavík), Museu Condes Castro Guimarães (Cascais), Centre Culturel Calouste Gulbenkian (Paris), National Gallery (Praga), Chapelle de la Vieille Charité (Marselha), Centro Cultural "La Alhóndiga" (Zamora), Panteão Nacional (Lisboa), Matadero Madrid (Madrid), Centro Cultural da U.F.M.G. (Belo Horizonte) e também na Capital Europeia da Cultura – Porto 2001, na seção "Extra 50" da 50ª Bienal de Veneza e na 8ª Bienal de Havana.

Apresentou palestras e participou em mesas-redondas em Portugal, Hungria, Polónia, Japão, Brasil, França e nos Emirados Árabes Unidos, assim como na Università di Bologna (Bolonha), Faculdad de Ciencias Politicas e Sociales (Cidade do México), Filosofická Fakulta University Karlovy

## um BeIjo dE Mãо BEIjadA

(Praga), Universidad Internacional de Andalucia (Huelva), Humboldt Universität (Berlim), Universidade de Sevilla (Sevilha), na Faculdade 7 de Setembro e na Universidade de Fortaleza – Unifor (Fortaleza), U.F.M.G. (Belo Horizonte), Universidade Nova (Lisboa) e no Centre de Cultura Contemporánia de Barcelona (Barcelona).

Organizou coletâneas de Poesia Visual Portuguesa para as seguintes revistas e jornais culturais: *Jornal de Letras, Artes e Ideias* nº 145, Lisboa, (Portugal); *Postextual* nº 1, Cidade do México (México); *DOC(K)S* nº 80/86, Ventabren (França); *Score* nº 10, Oakland (E.U.A.); *Encontro – Suplemento do Comércio de Porto* nº 101, nº 108, nº115, nº 122, nº 143 e nº 150, Porto, (Portugal); *Dimensão – Revista Internacional de Poesia* nº 22, Uberaba (Brasil); *Visible Language* v. 27/nº 4, Providence (E.U.A.) e *Phayum* nº 10, Bernicarló (Espanha).

Organizou diversas exposições de Poesia Visual Portuguesa e Internacional em Galerias e Museus em Lisboa, Torres Vedras, Évora, Coimbra, Amadora, Setúbal, Porto, Torre de Moncorvo e em Vila Nova de Foz Côa.

Co-organizou a exposição Concreta. Experimental. Visual – Poesia Portuguesa 1959-1989, na Universidade de Bolonha (Itália), nas Universidades de Lyon e de Poitiers, e no Centro Cultural Português da Fundação Calouste Gulbenkian em Paris (França).

Organizou o *1º Festival Internacional de Poesia Viva* no Museu Municipal Dr. Santos Rocha, na Figueira da Foz.

Co-organizou Perform'arte – I Encontro Nacional de Performance em Torres Vedras, e organizou o II Encontro Nacional de Intervenção e Performance, na Amadora.

Organizou a representação portuguesa na I e III Bienal Internacional de Poesia Visual y Experimental na Cidade do México.

Entre 1996 e 1998, organizou a Seção Europeia da I, II e III Mostra Euro-Americana de Poesia Visual realizadas em Bento Gonçalves, Brasil, no âmbito dos Congressos Brasileiros de Poesia.

Em 2008, organizou o Ciclo Internacional de Performance do 2º Encontro de Arte Global, no Panteão Nacional, em Lisboa.

Em 2010 apresentou, pela primeira vez, obras do seu Arquivo de Poesia Experimental, na Galeria Municipal e na Biblioteca António Botto, em Abrantes, Portugal. O Arquivo Fernando Aguiar contém cerca de 2.500 obras originais de Poesia Visual, Fluxus e Arte Conceitual.

É autor do "Soneto Ecológico", uma obra de poesia ambiental constituída por 70 árvores plantadas em 14 filas de 5 árvores (4+4+3+3), numa área aproximada de 110 x 36 metros, no Parque do Soneto, em Matosinhos, no norte de Portugal, em 2005.

## OUTRAS OBRAS DO AUTOR

## POESIA

- POEMAS + OU – HISTÓ(É)RICOS, Edição de Autor, Lisboa, Portugal, 1974.

- DEDO, Edição de Autor, Lisboa, Portugal, 1981.

- MINIMAL POEMS, experimentelle texte, Siegen, Alemanha, 1994

- OS OLHOS QUE O NOSSO OLHAR NÃO VÊ, Associação Poesia Viva, Lisboa, Portugal, 1999

- TUDO POR TUDO, Escrituras Editora, São Paulo, Brasil, 2009

- ESTRATÉGIAS DO GOSTO, Escrituras Editora, São Paulo, Brasil, 2011

- ESTRATÉGIAS DO GOSTO, Palimage, Coimbra, Portugal, 2012.

## INFANTIS

- ROSARINHO, Parceria A. M. Pereira, Lisboa, Portugal, 1979.

- ROSARINHO E ALZIRA, Parceria A. M. Pereira, Lisboa, Portugal, 1979

- UÉRÉ DE GUARAQUEÇABA, Oasi Editrice, Troina, Itália, 1998.

## PERFORMANCE

- REDE DE CANALIZAÇÃO, Edição de Autor / Câmara Municipal de Almada, Portugal, 1987.

- A ESSÊNCIA DOS SENTIDOS, Associação Poesia Viva, Lisboa, Portugal, 2001.

## ANTOLOGIAS

- POEMOGRAFIAS – Perspectivas da Poesia Visual Portuguesa, Ulmeiro (com Silvestre Pestana), Lisboa, Portugal, 1985.

- 1º FESTIVAL INTERNACIONAL DE POESIA VIVA, Associação Poesia Viva, Lisboa, Portugal, 1987.

- CONCRETA. EXPERIMENTAL. VISUAL – Poesia Portuguesa 1959-1989, Instituto de Cultura e Língua Portuguesa (com Gabriel Rui Silva), Lisboa, Portugal, 1989. 2ª edição em 1990.

- VISUELLE POESIE AUS PORTUGAL, experimentelle texte, Siegen, Alemanha, 1990.

- POESIA EXPERIMENTAL DELS 90 (Antologia), RsalvoEdicions, Barcelona, Espanha, 1994.

- IMAGINÁRIOS DE RUPTURA / POÉTICAS EXPERIMENTAIS, Instituto Piaget (com Jorge Maximino), Lisboa, Portugal, 2002.

# CHAPBOOKS

- INDICIS, RsalvoEdicions, Barcelona, Espanha, 1995.

- PUSH NOW, Offerta Speciale, Torino, Itália, 1998. 2ª edição em 2007

- LANGUE DE FEU, Steak Haché (com Frank Laliberté), Montreal, Canadá, 2005.

- CALLIGRAPHIES, Redfoxpress, Conty Maio, Irlanda, 2007.

- IMAGINANDO LA POÉTICA, Del Centro Editores, Madrid, Espanha, 2009

- THIS IS VISUAL POETRY BY FERNANDO AGUIAR, Chapbook Publisher, Kingston, E.U.A., 2011.

- POÉTICAS, The Knives Forks and Spoon Press, Newton-le-Willows, Inglaterra, 2011.

- POETICAL LANGUAGES, Avantacular Press, Clearwater, E.U.A., 2011

- VISUAL ESSAYS, Redfoxpress, Conty Maio, Irlanda, 2012.

- REVISITACIÓN, Babilonia, Navarrés, Espanha, 2013.

Impresso em São Paulo, SP, em novembro de 2013,
em papel off-set 90g/m², nas oficinas da Graphium.
Composto em Helvetia, corpo 10 pt.

Não encontrando esta obra nas livrarias,
solicite-a diretamente à editora.

**Escrituras Editora e Distribuidora de Livros Ltda.**
Rua Maestro Callia, 123
Vila Mariana – São Paulo, SP – 04012-100
Tel.: (11) 5904-4499 / Fax: (11) 5904-4495
escrituras@escrituras.com.br
vendas@escrituras.com.br
imprensa@escrituras.com.br
www.escrituras.com.br